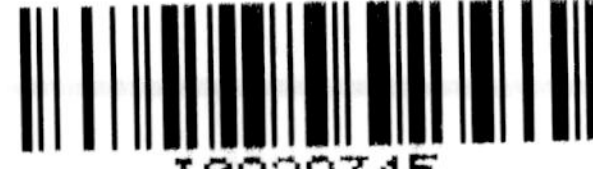

THIS BOOK BELONG TO

____

____

____

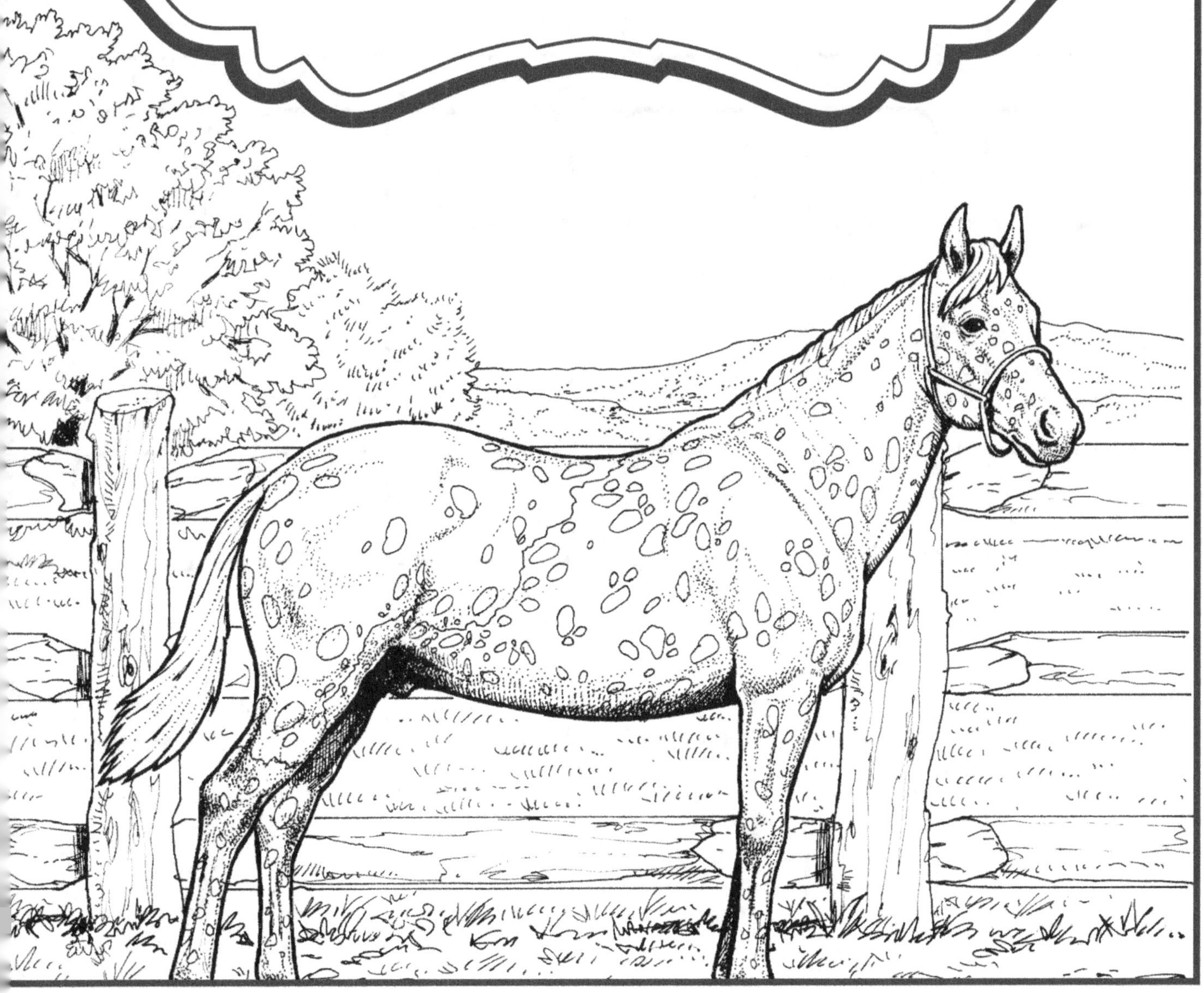

Color Test Page

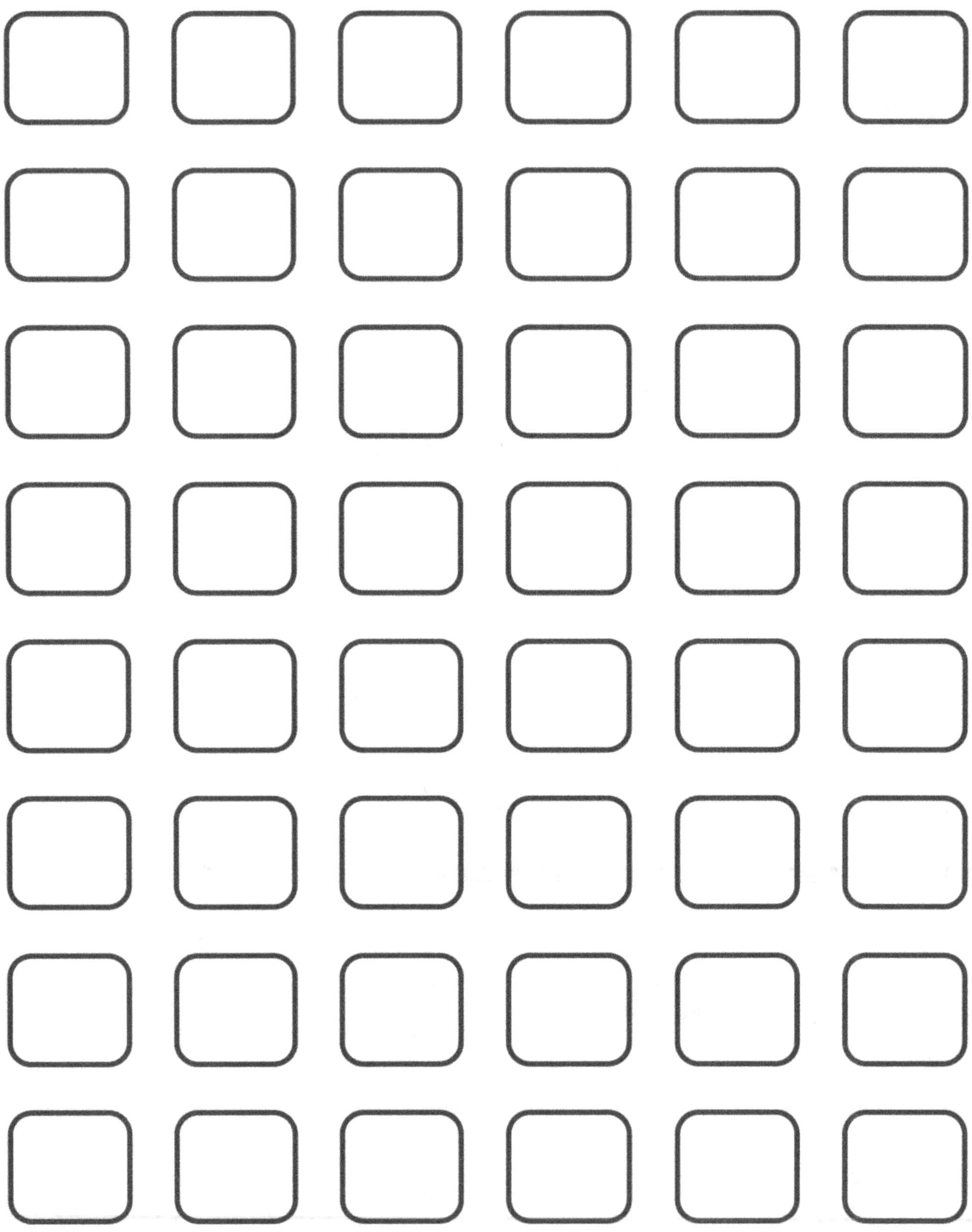

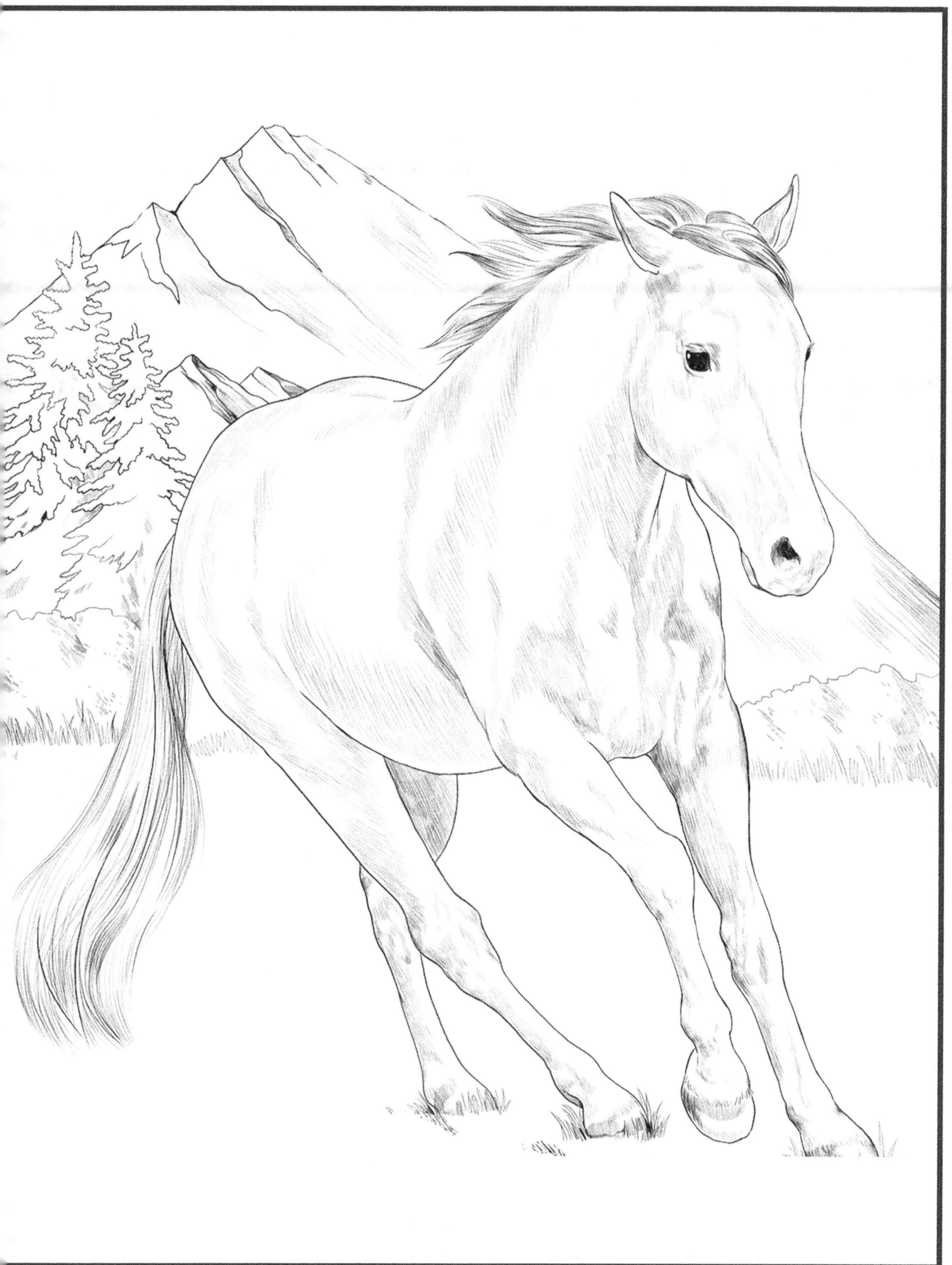

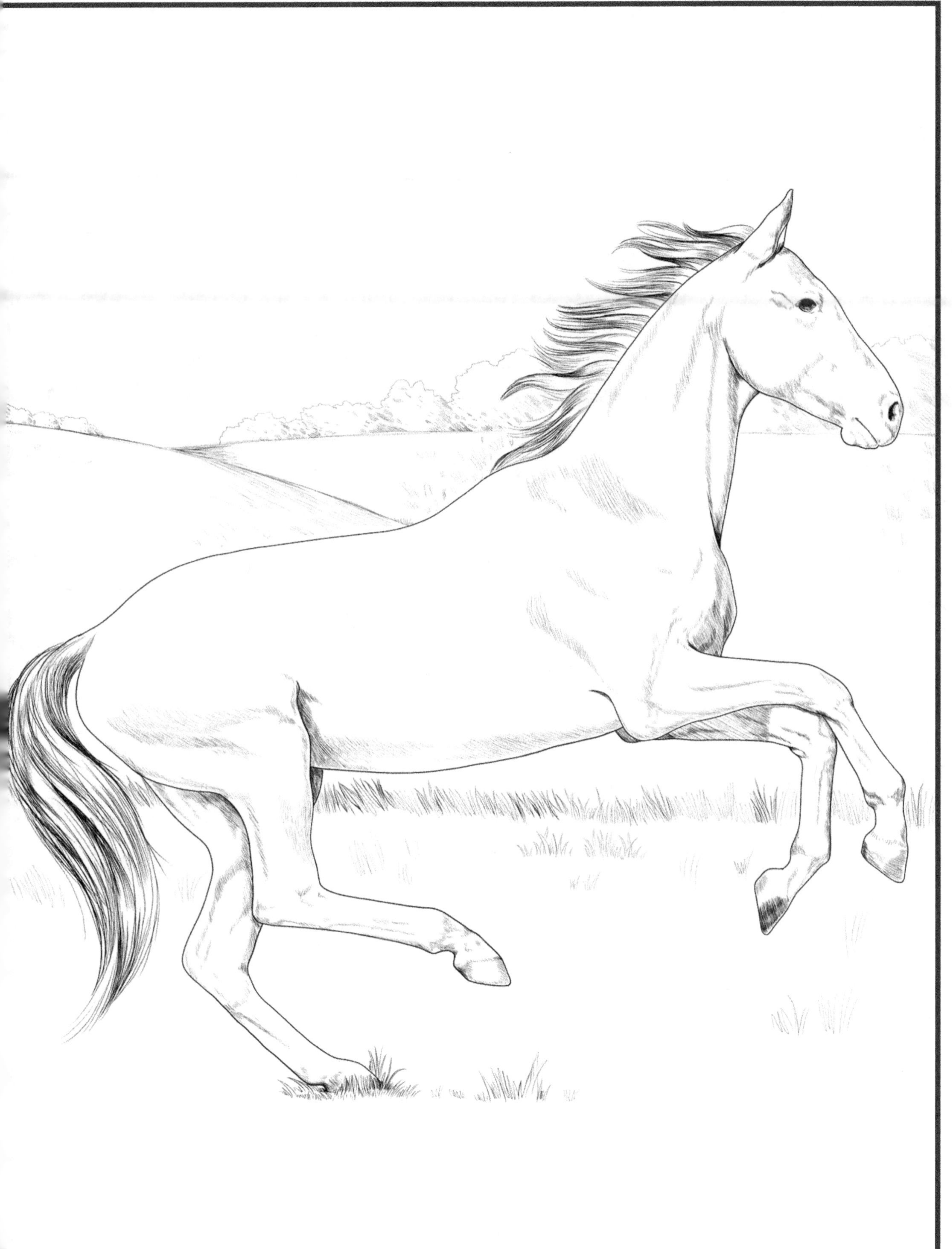

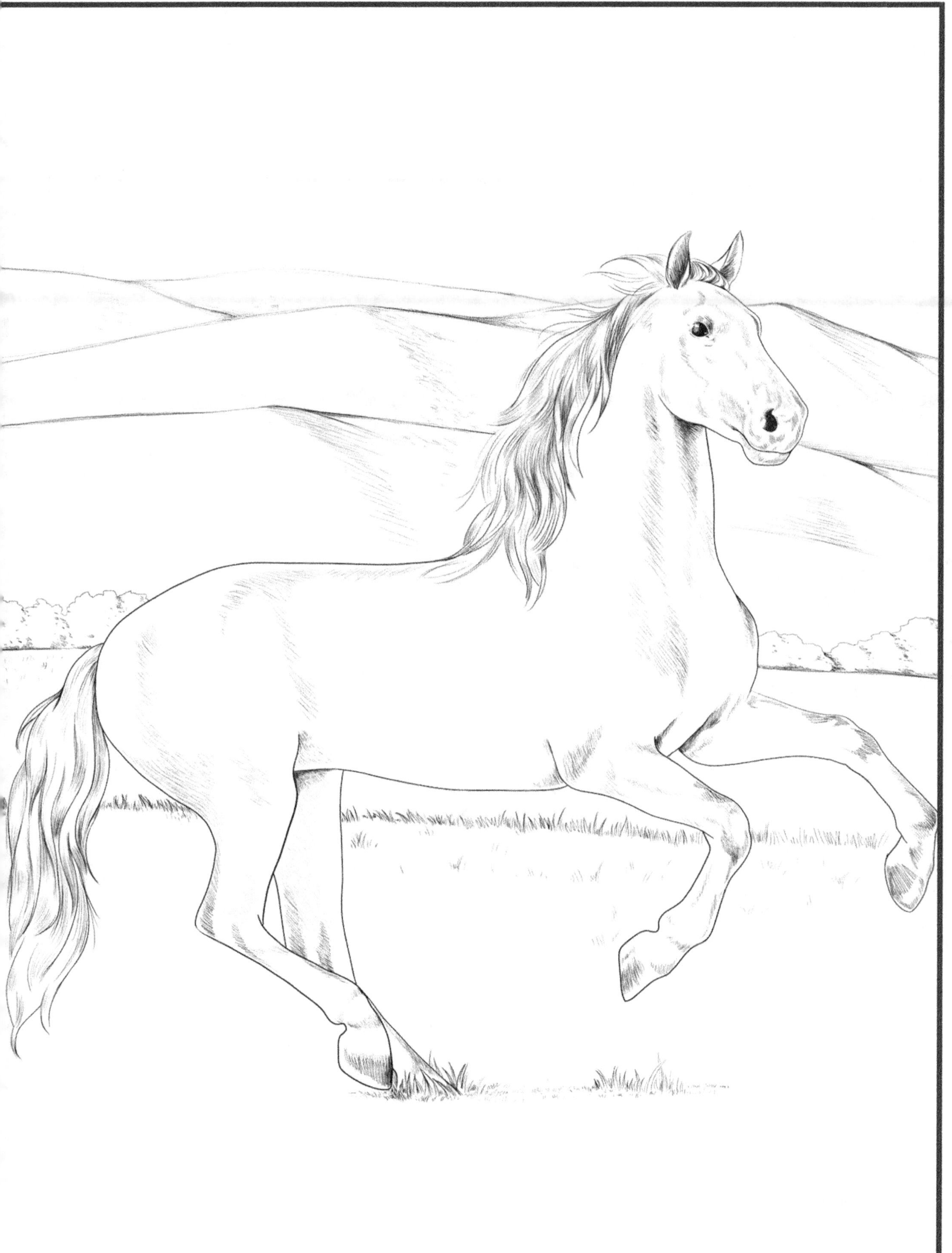

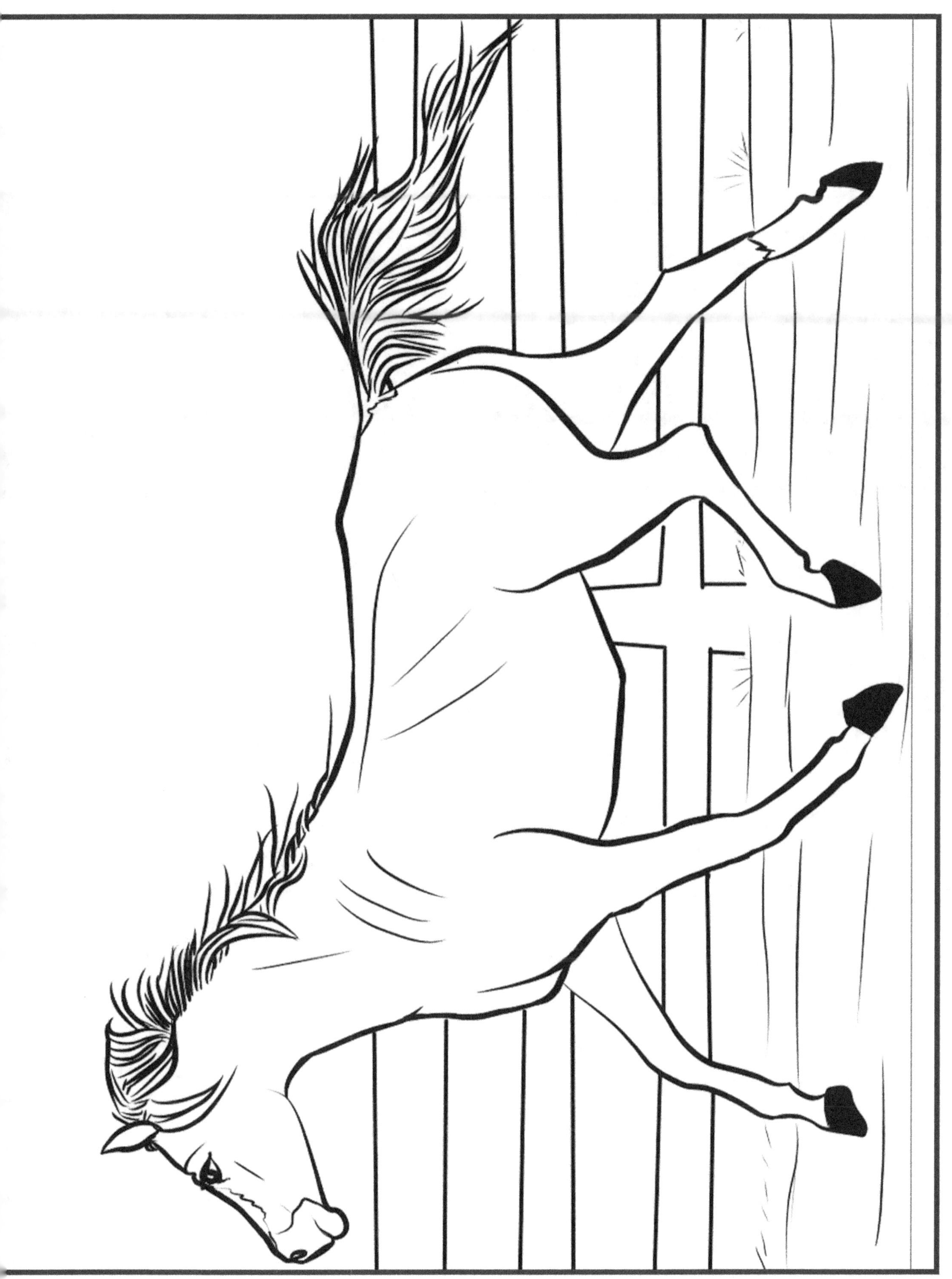

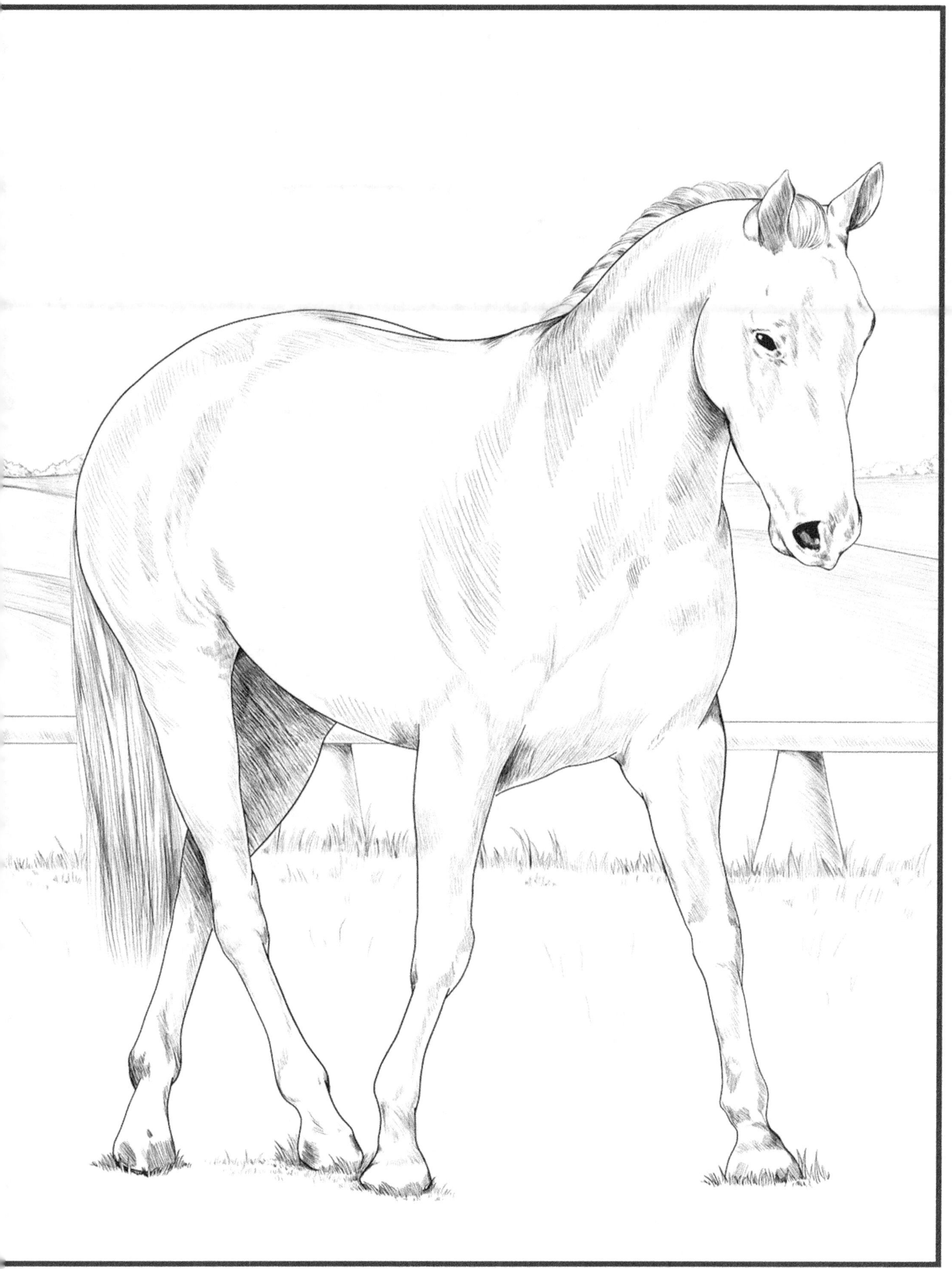

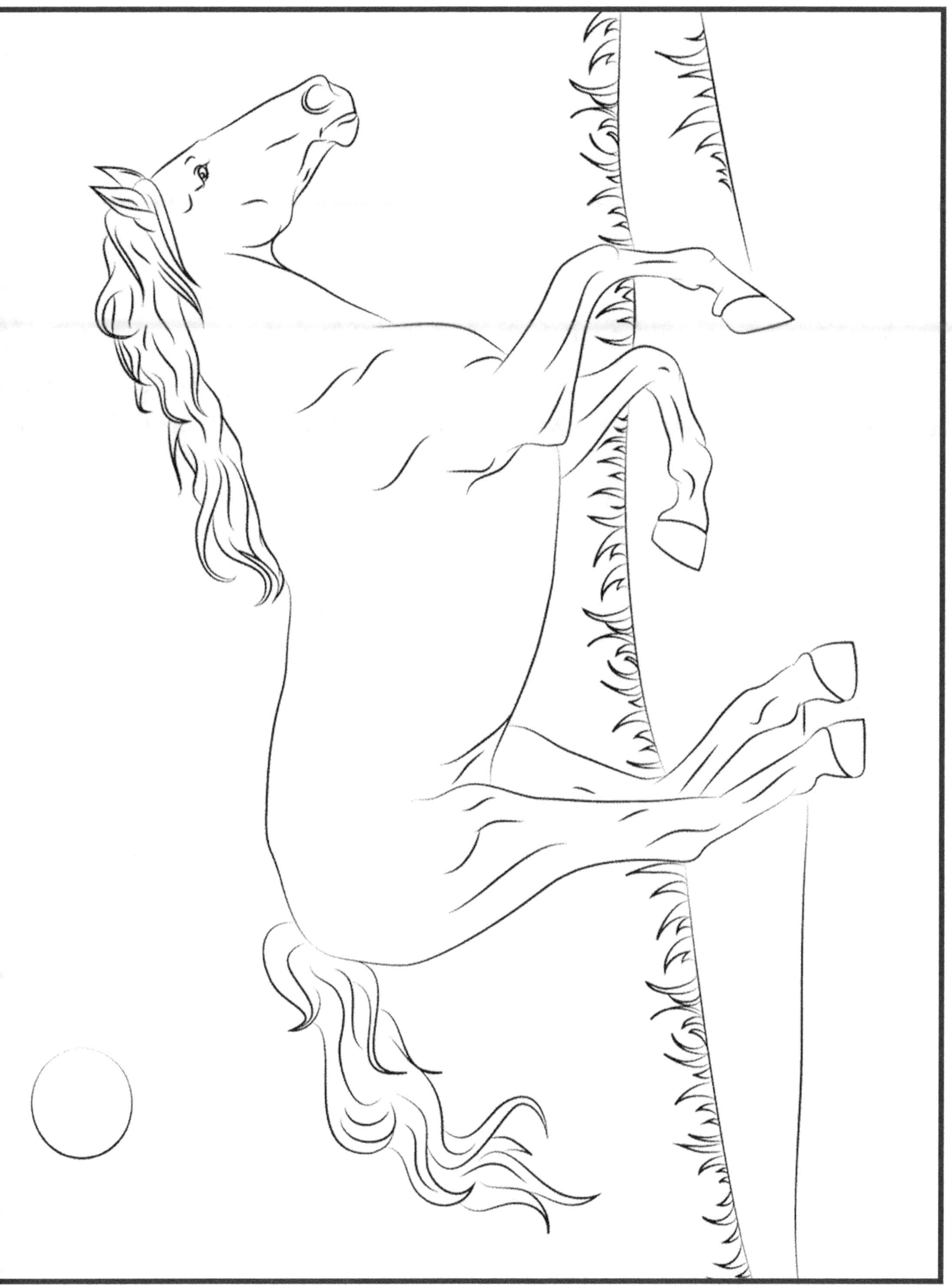

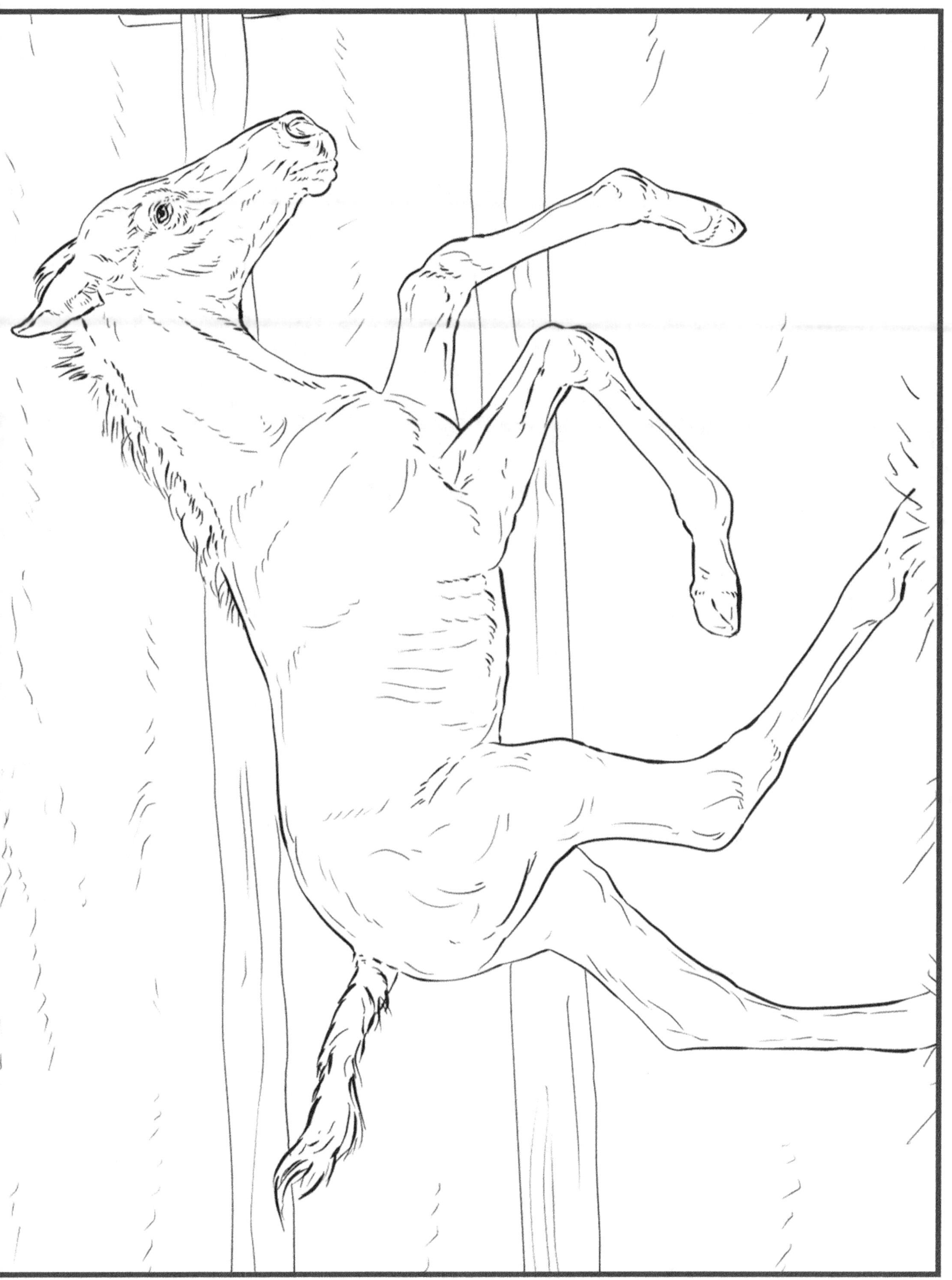

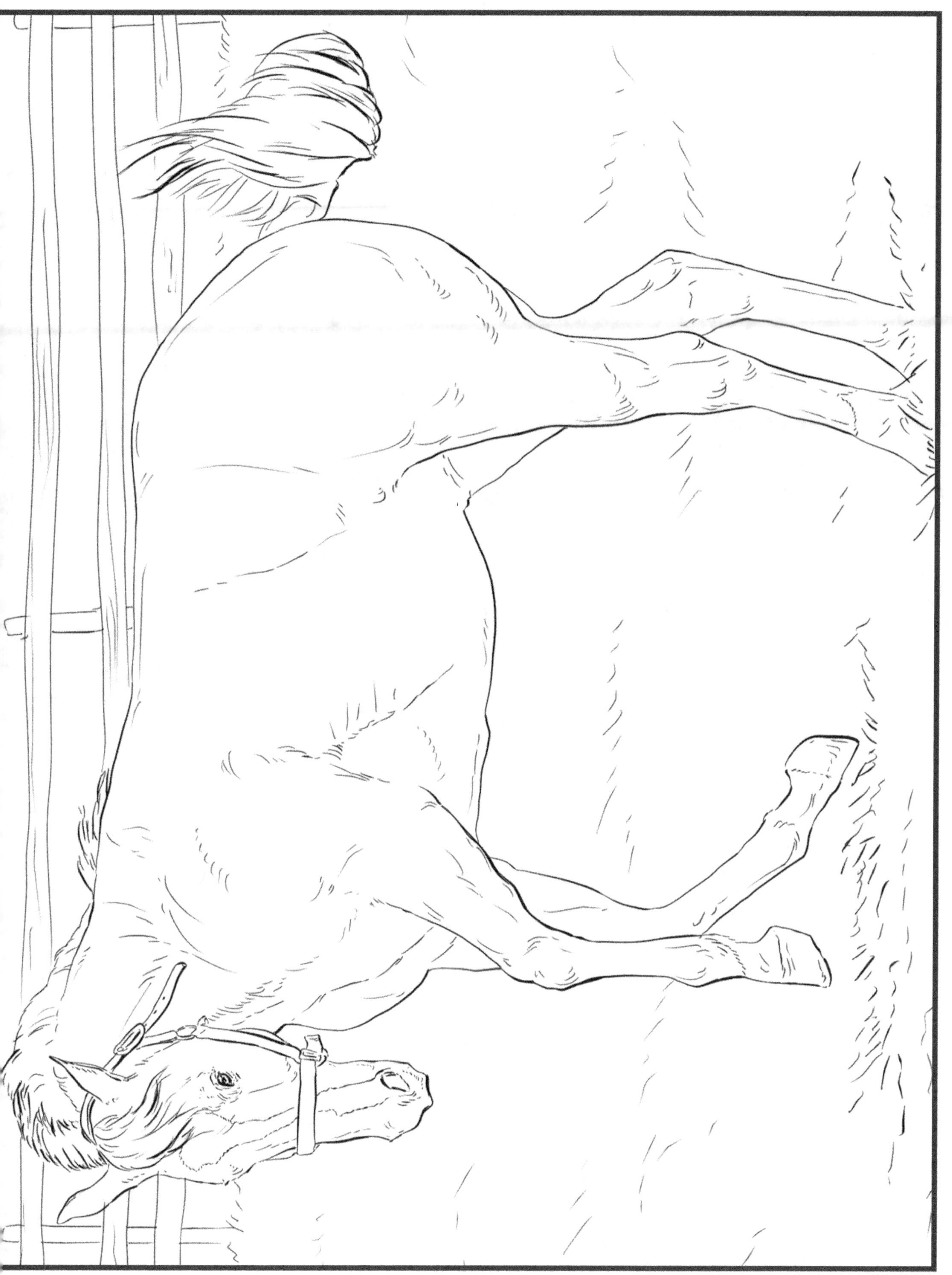

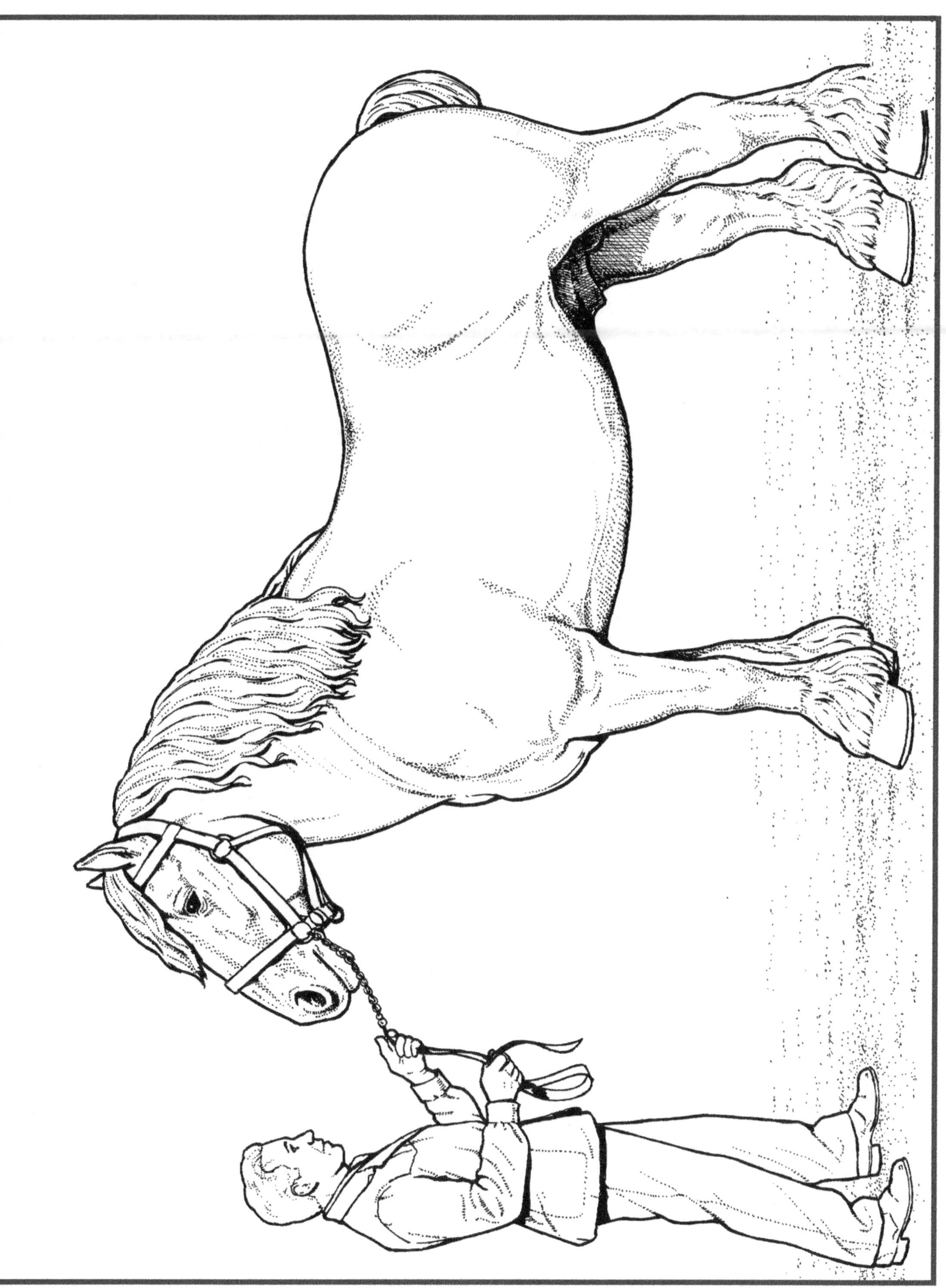

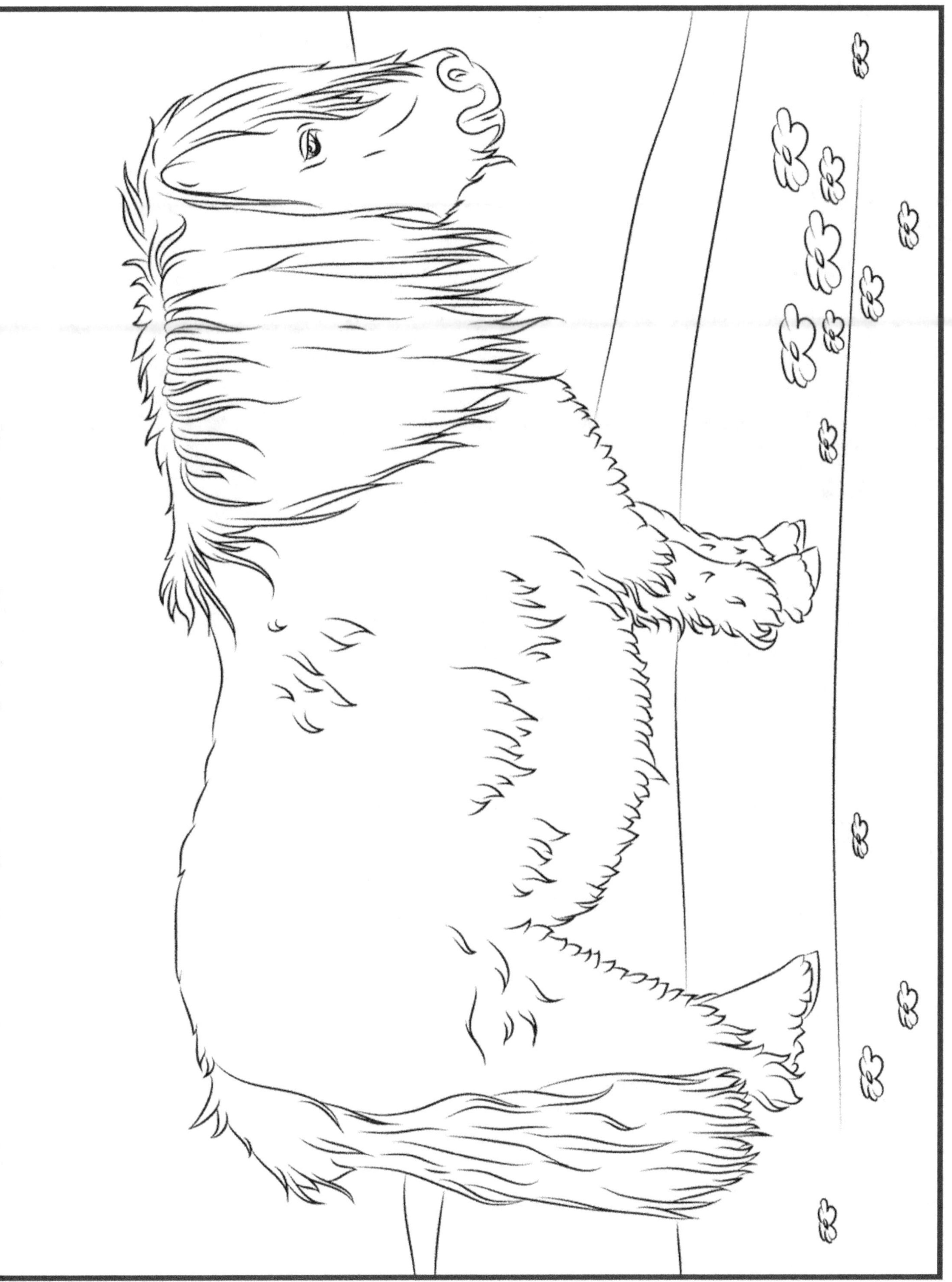

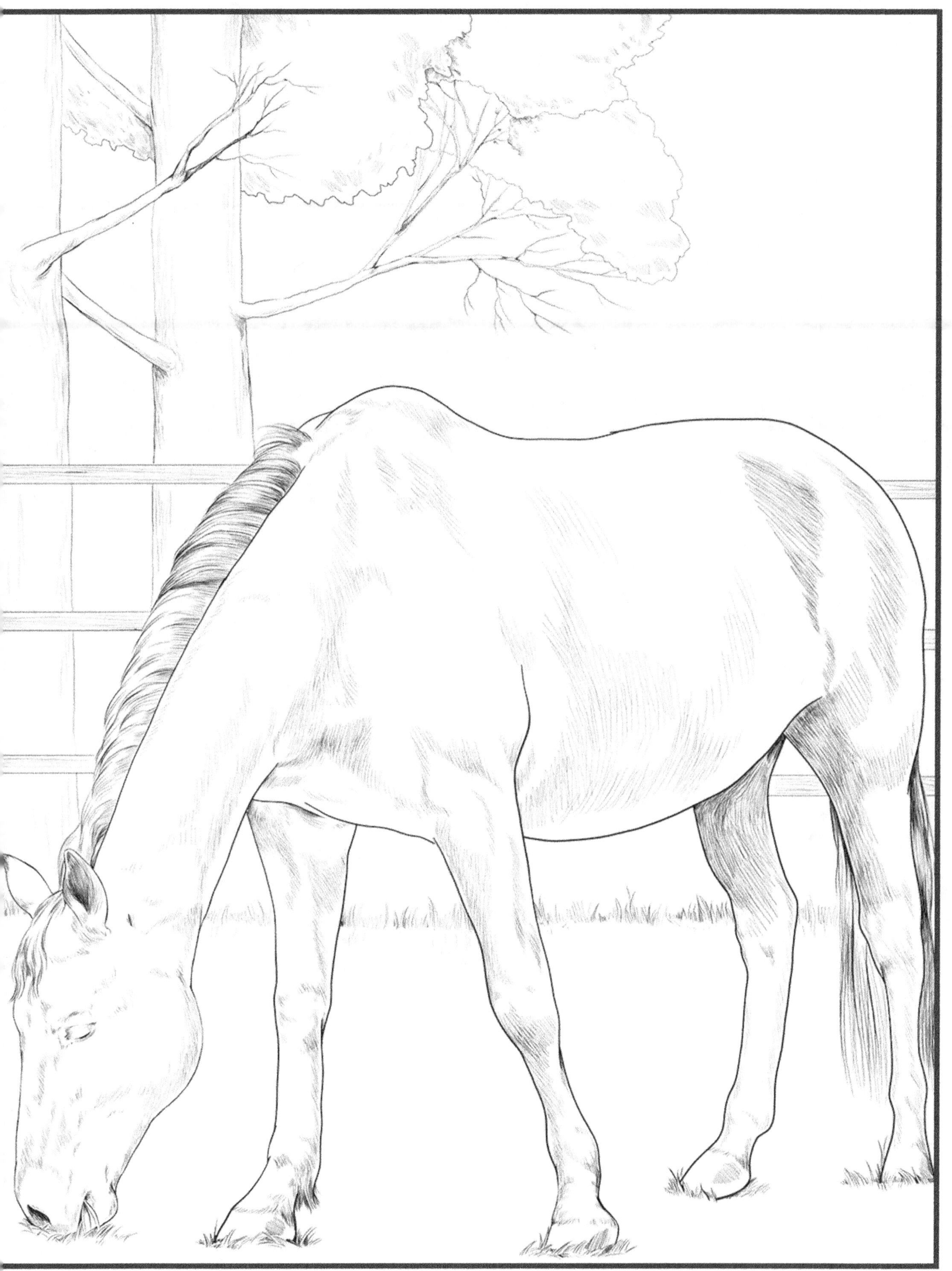

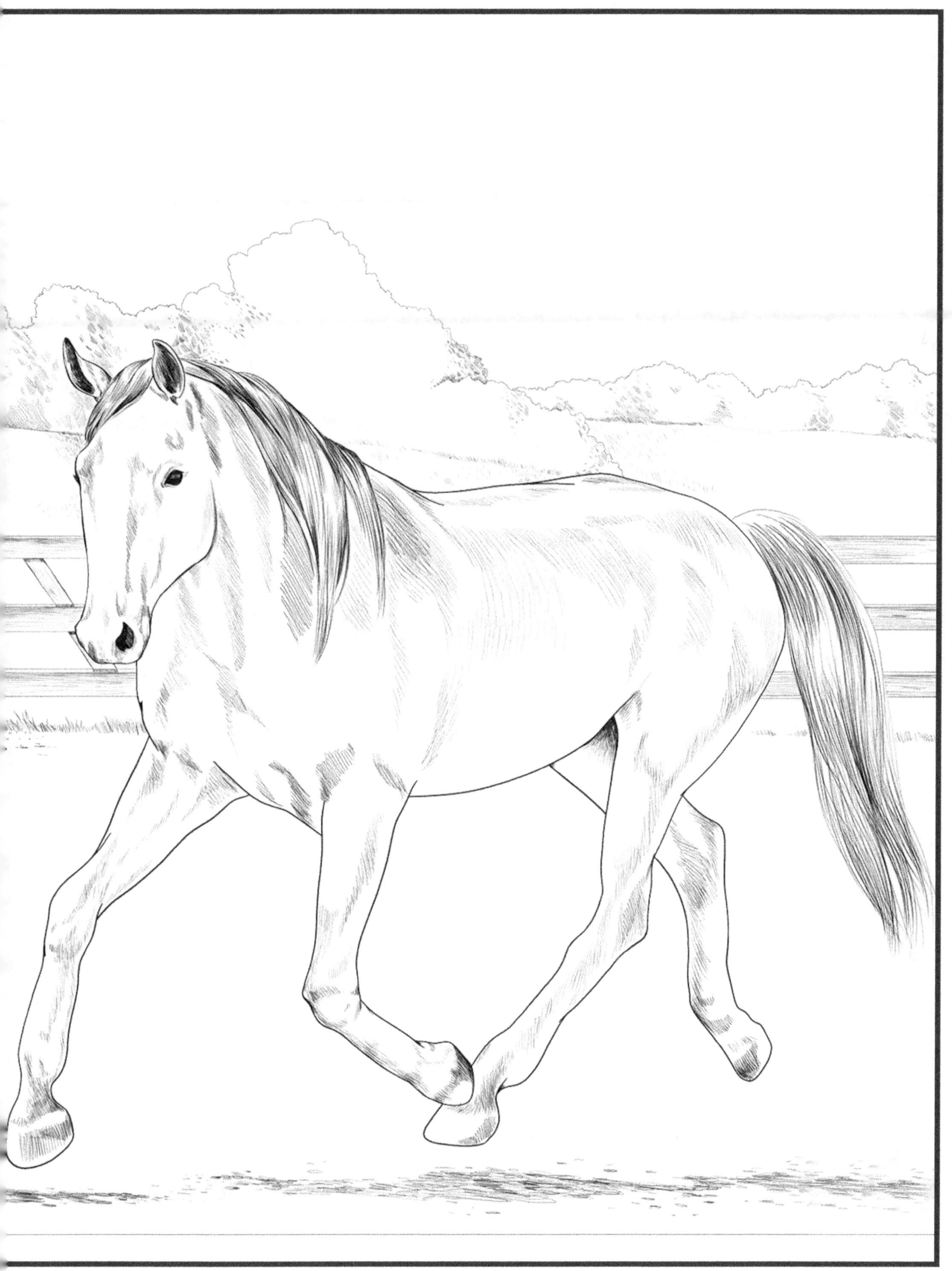

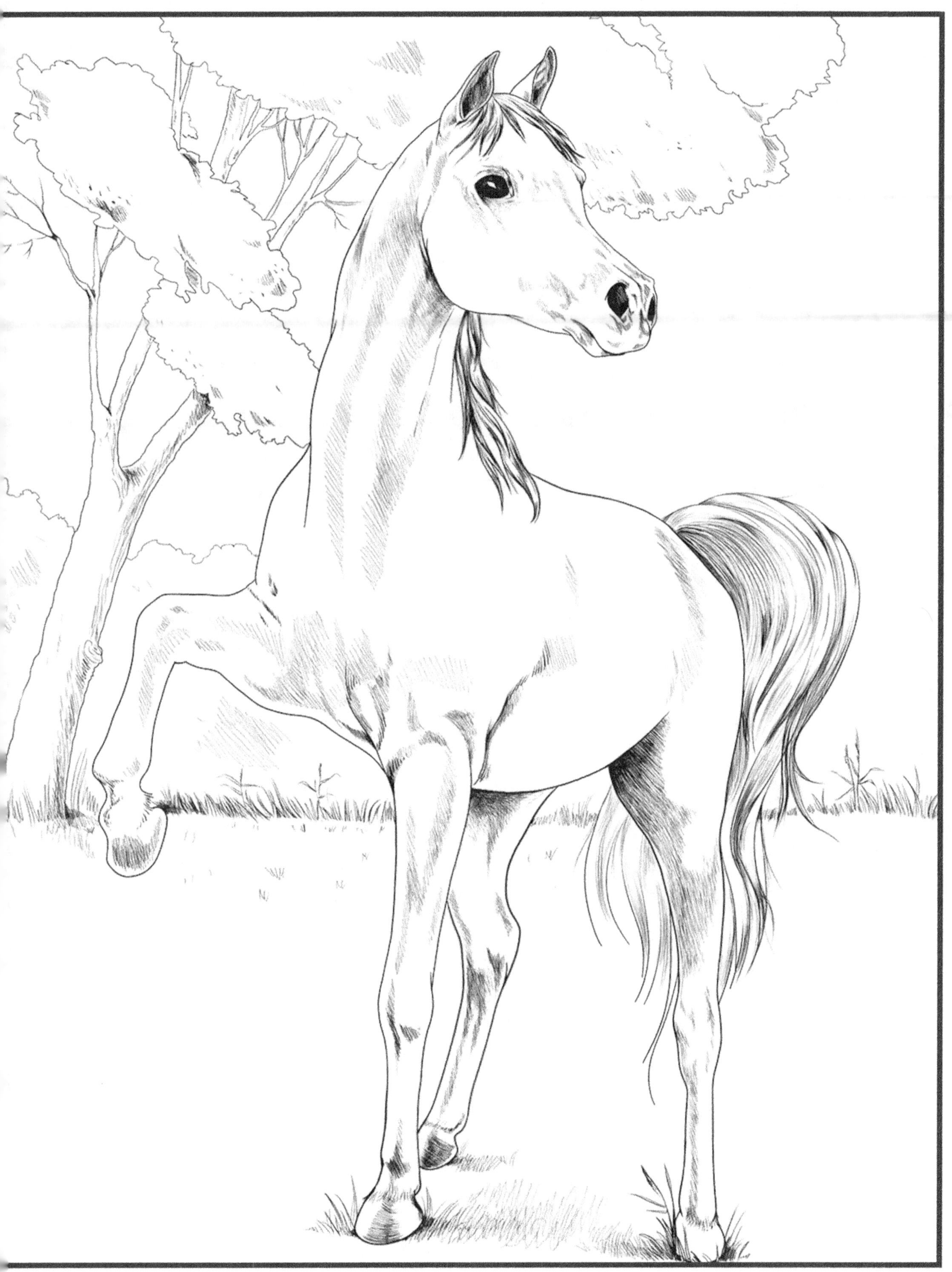

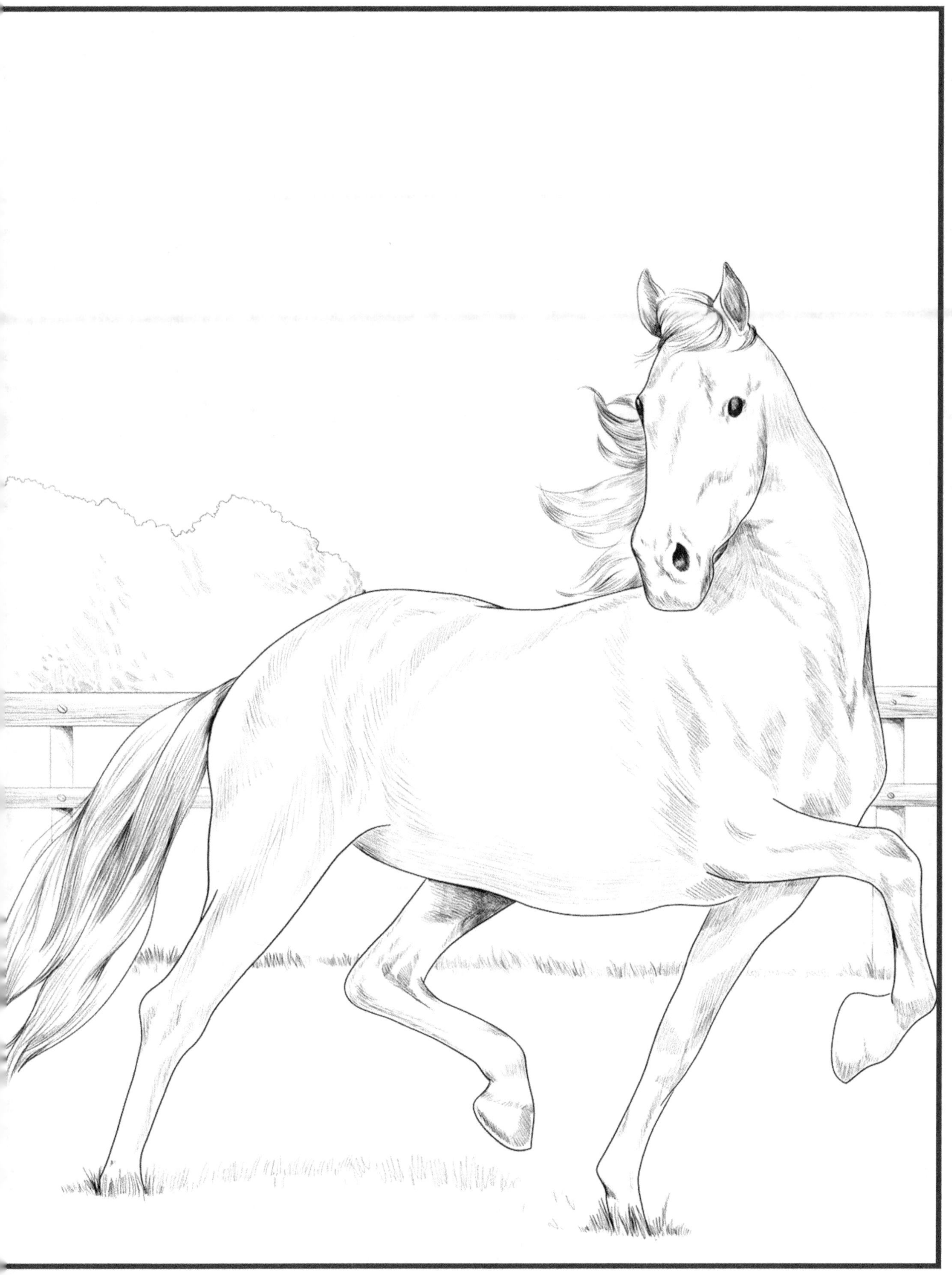

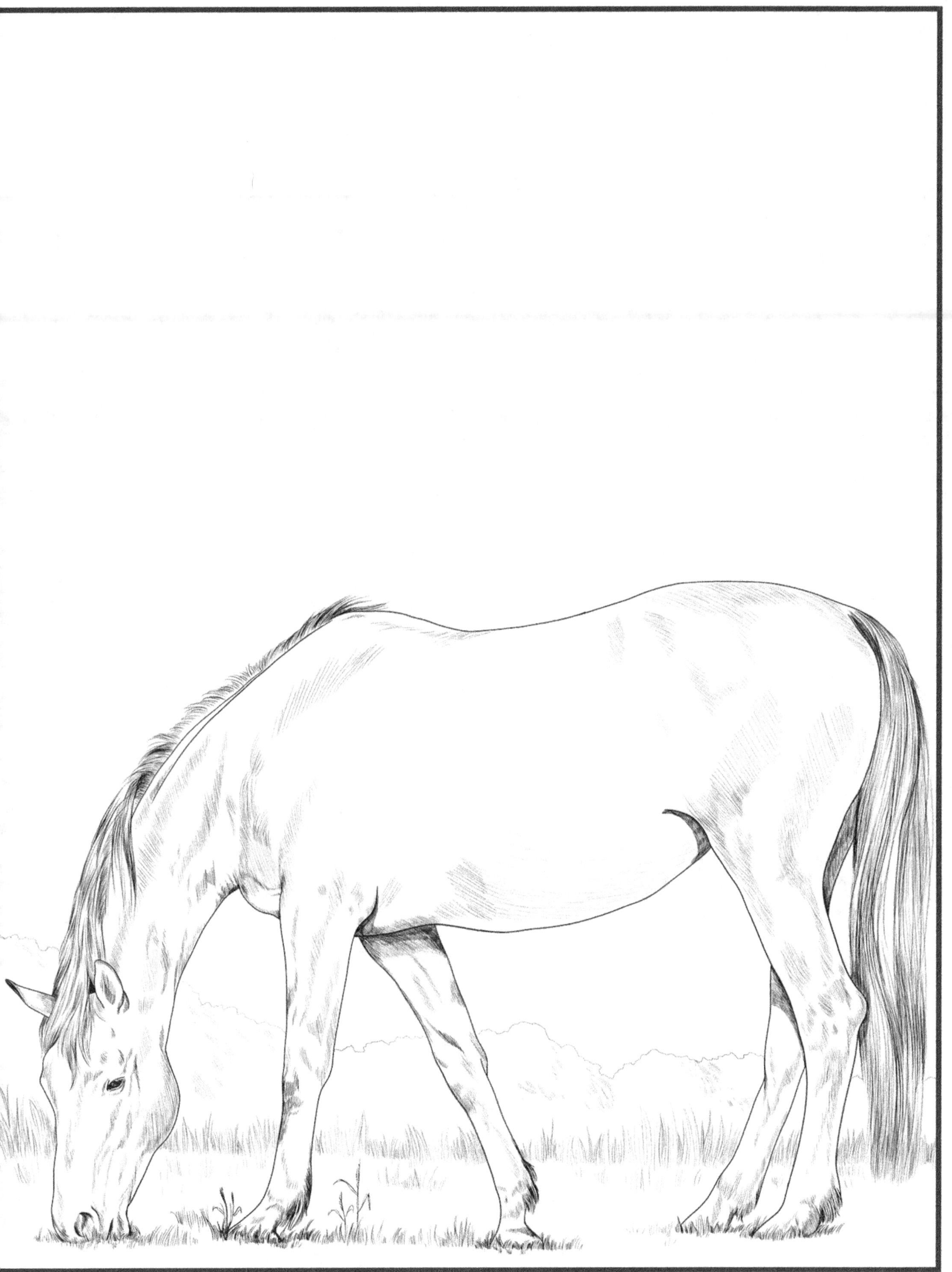

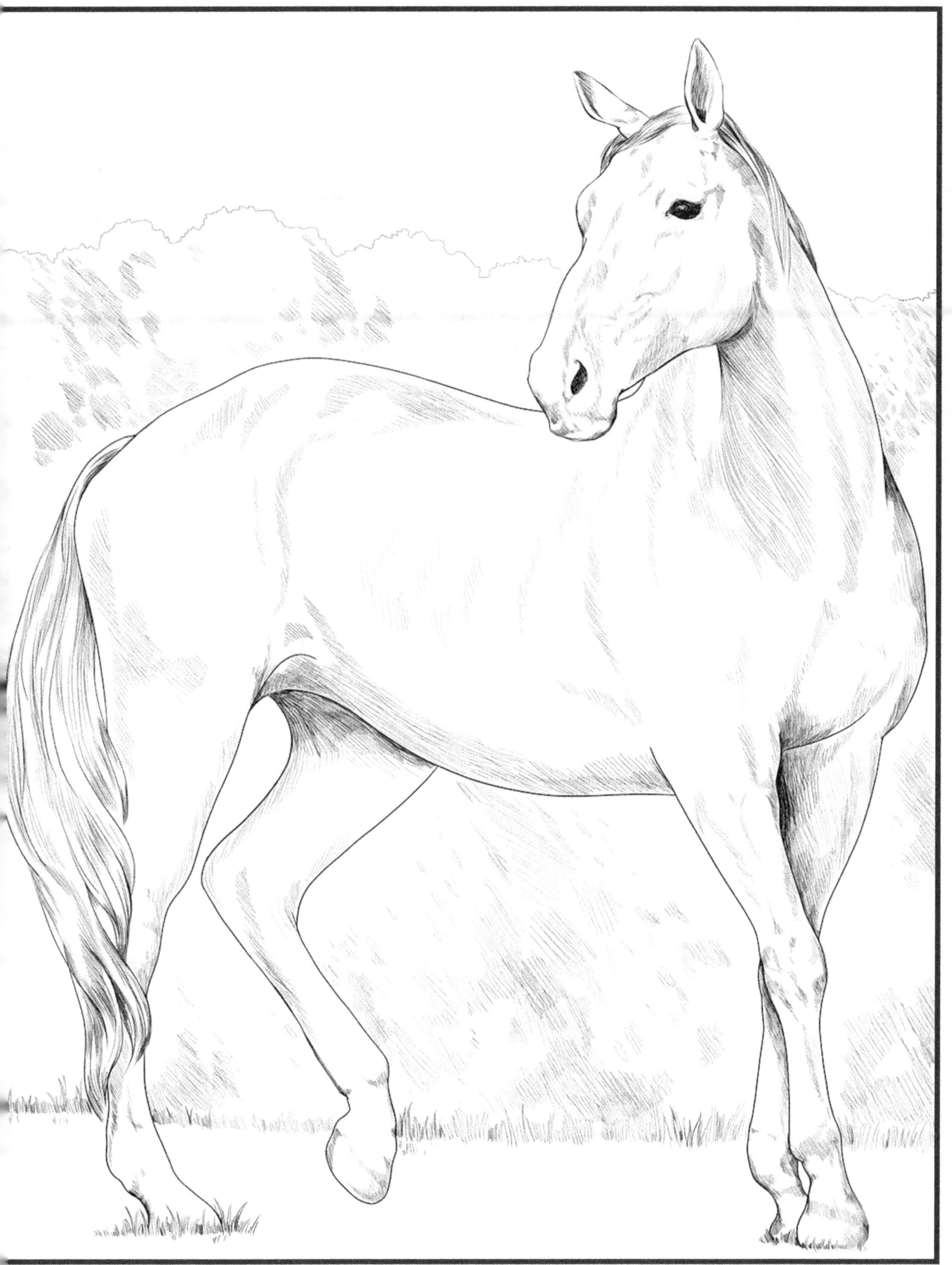

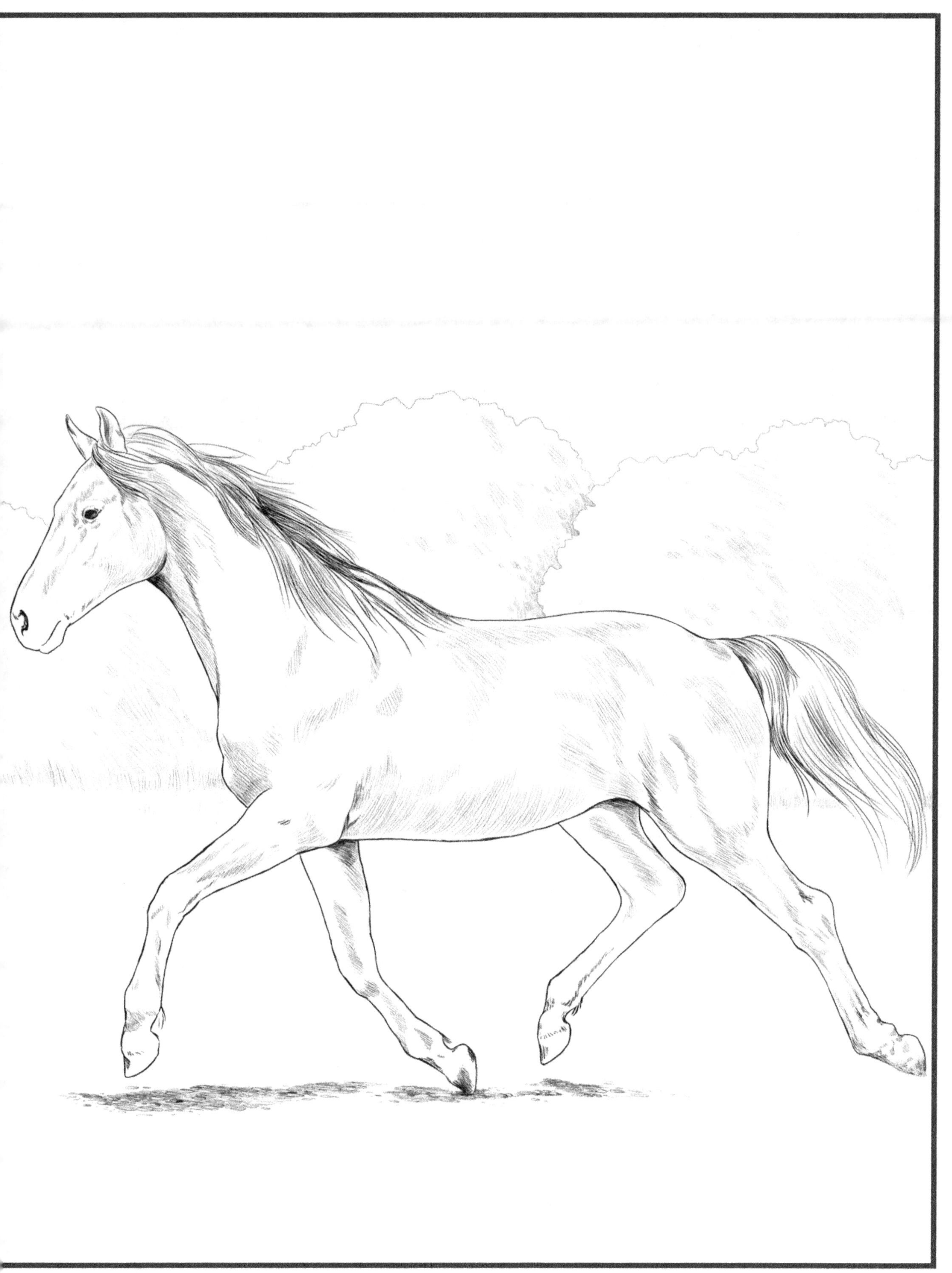

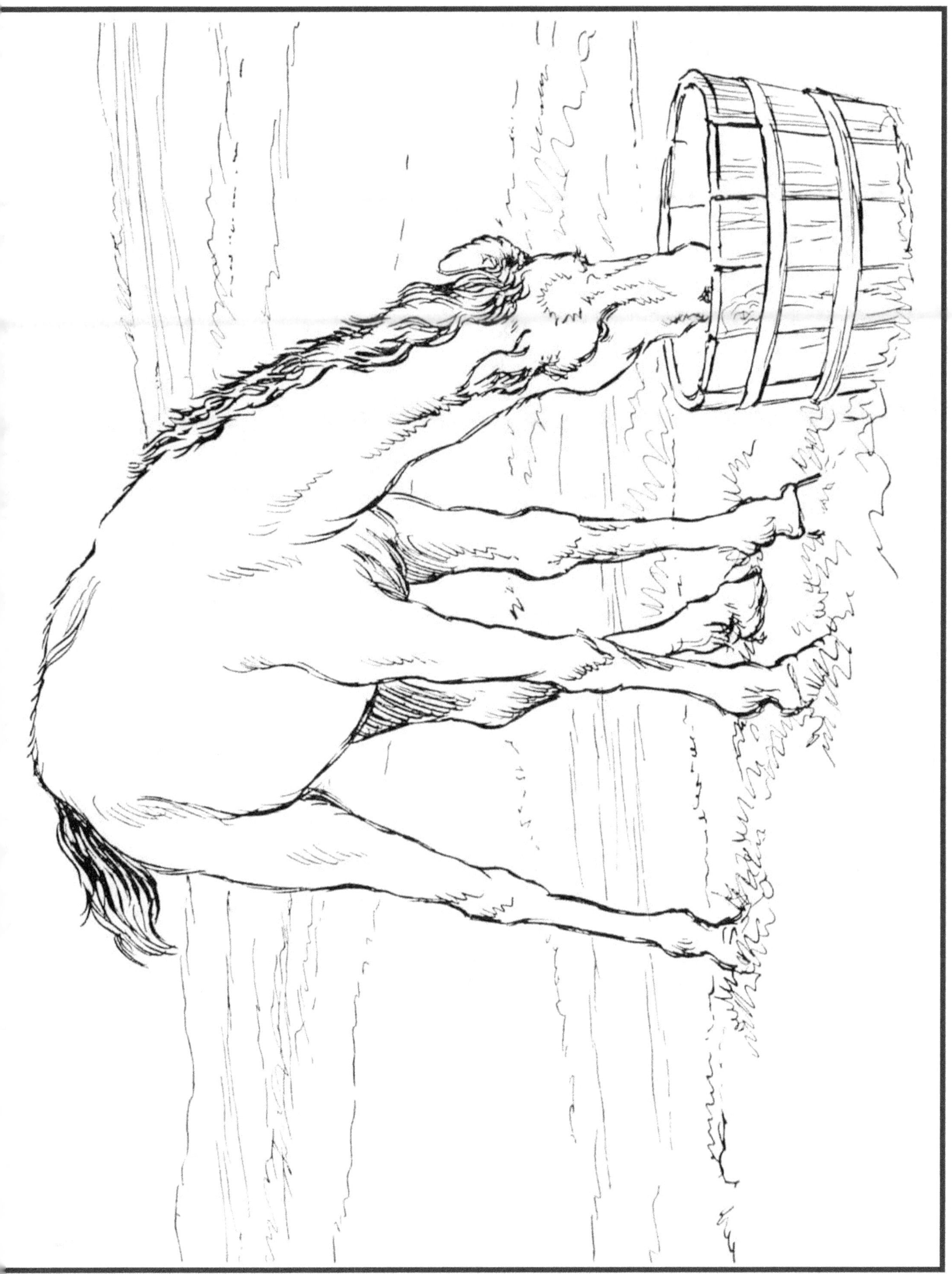

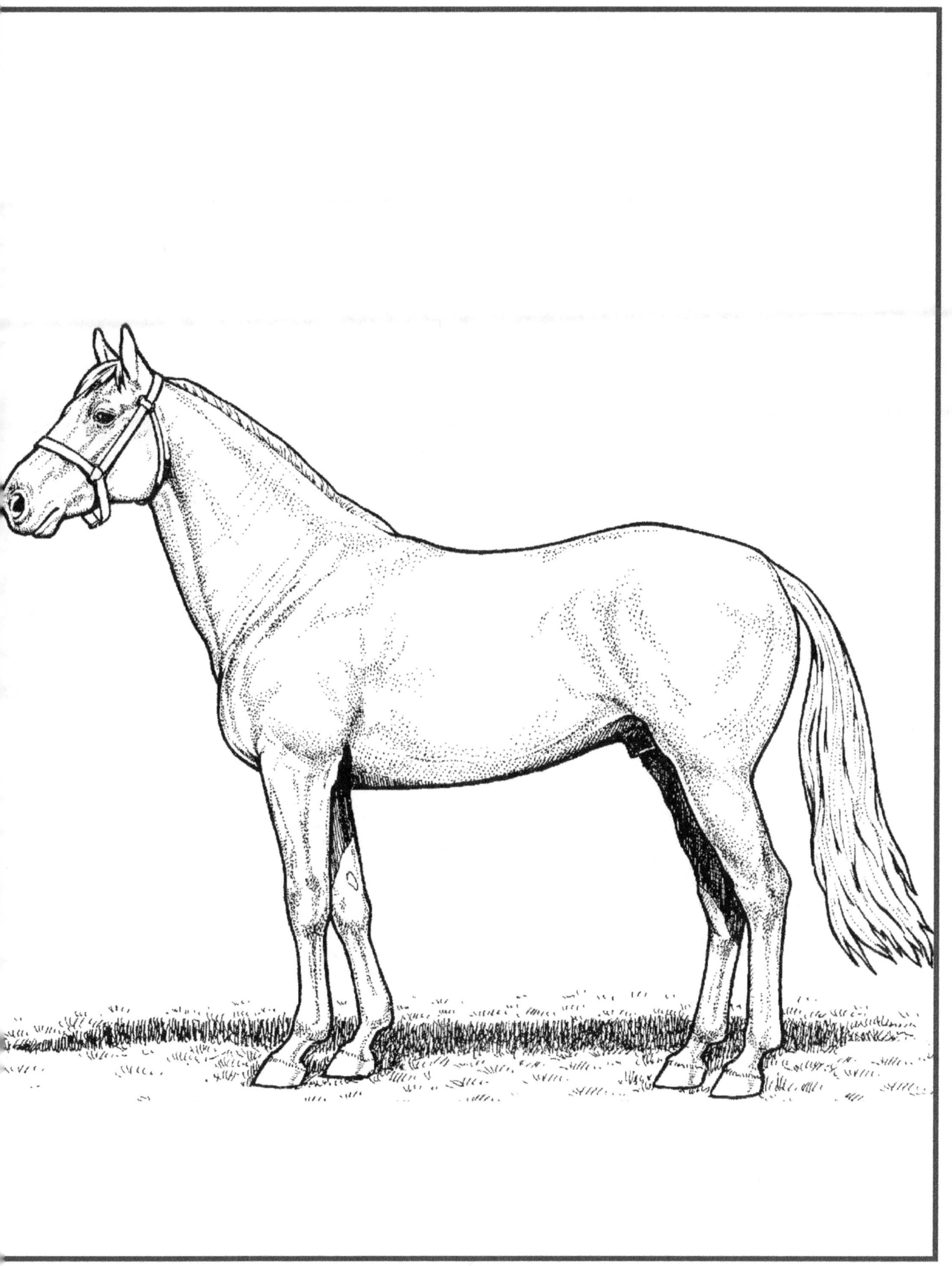

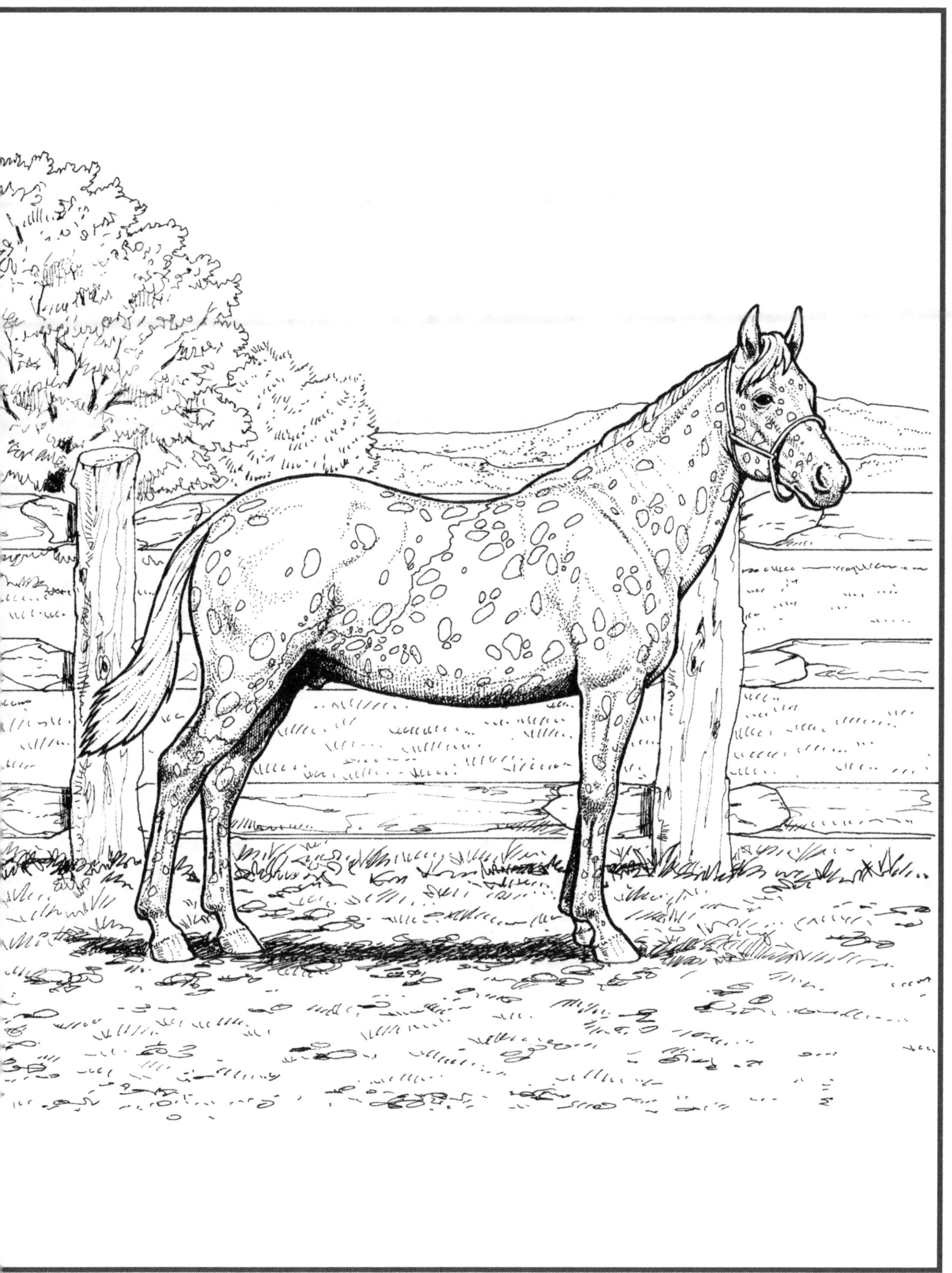

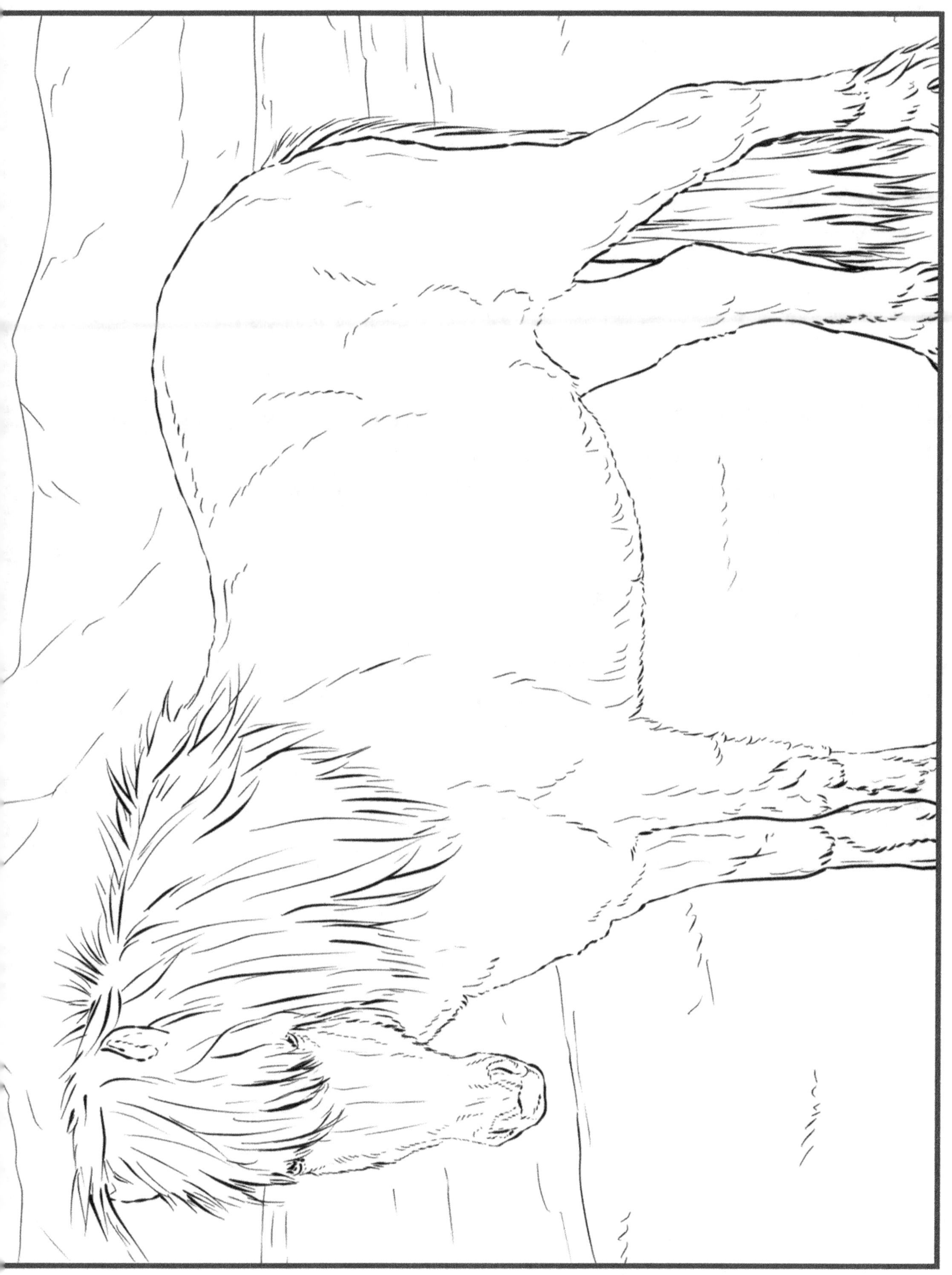

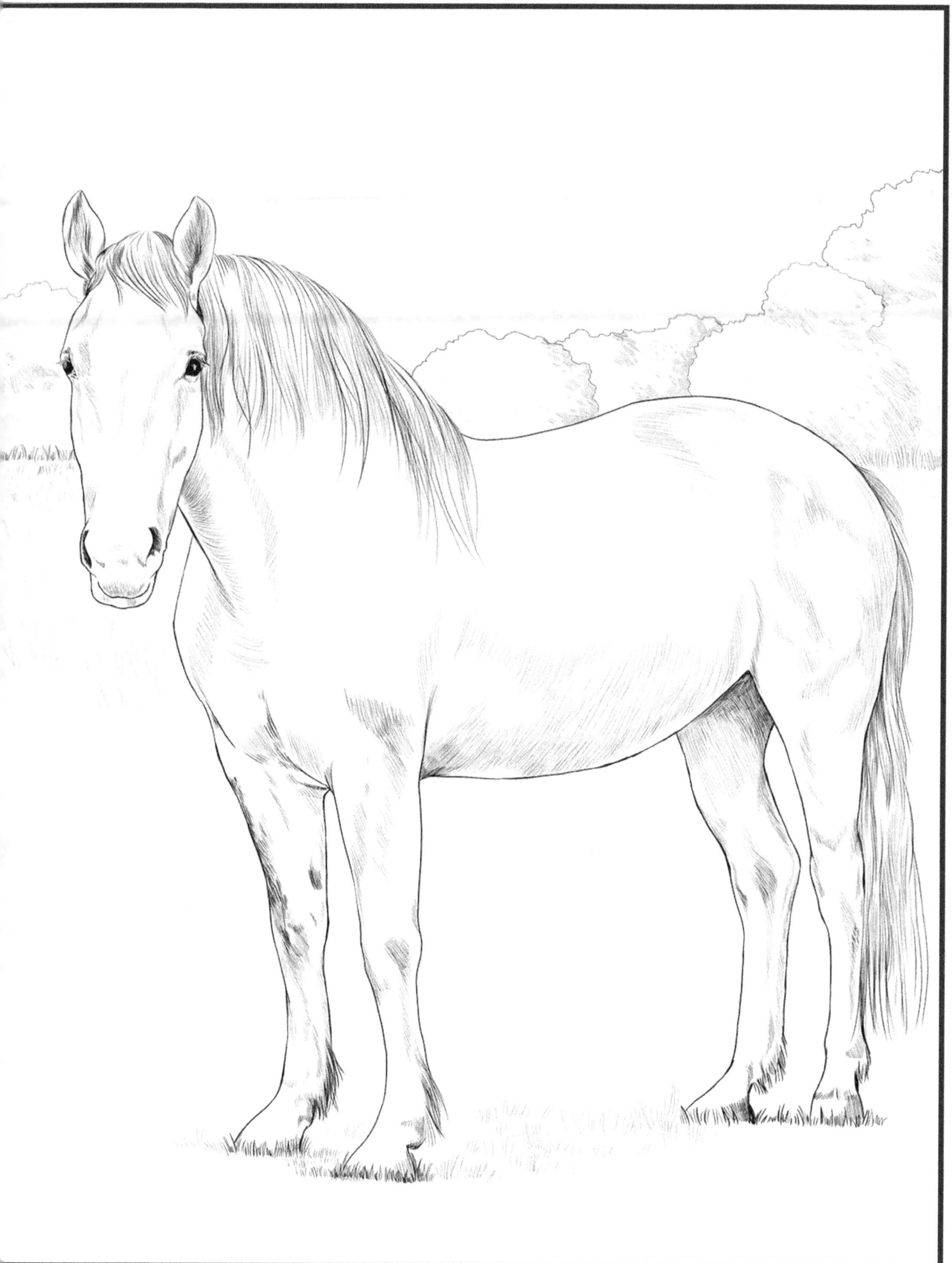

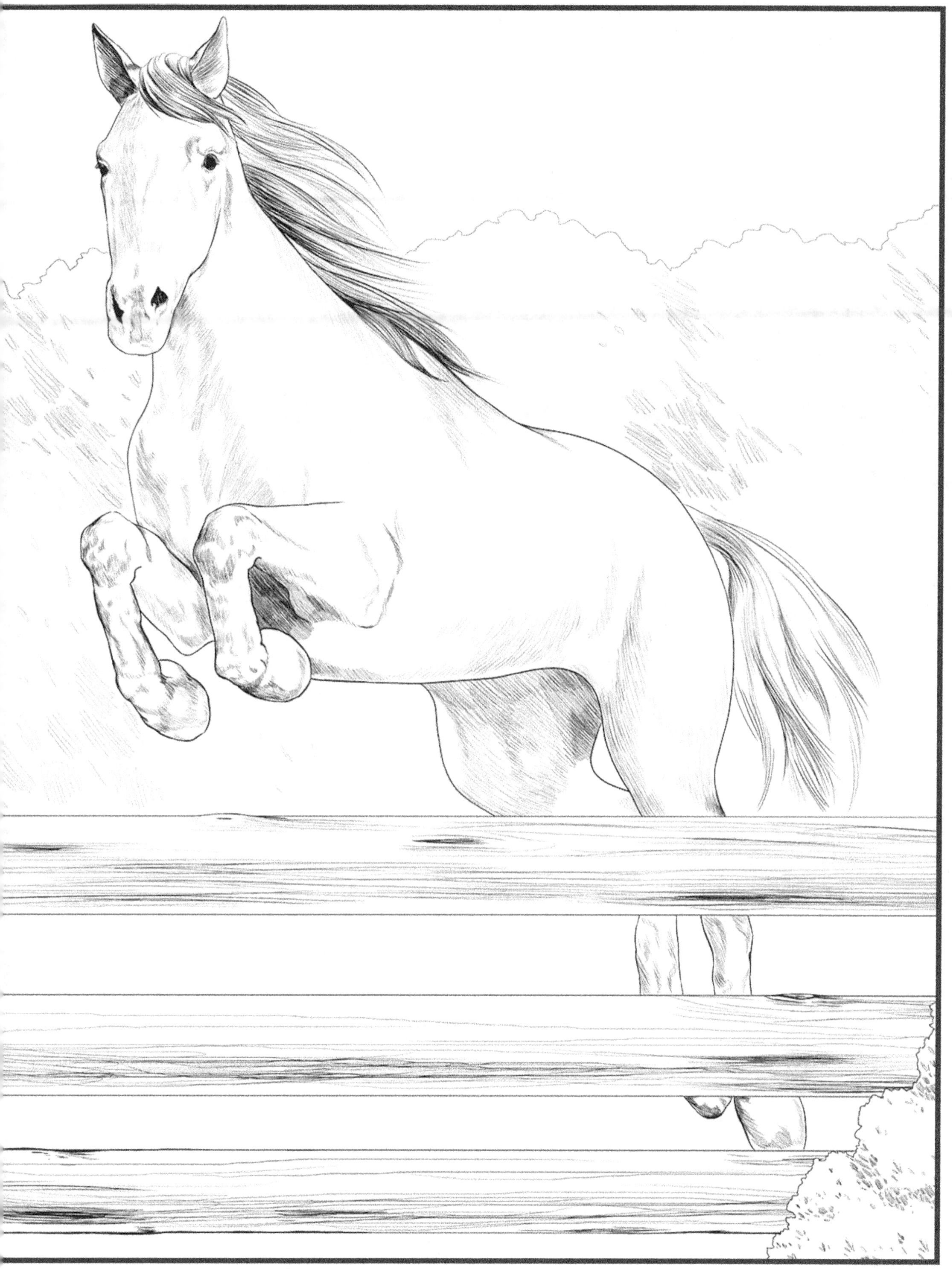

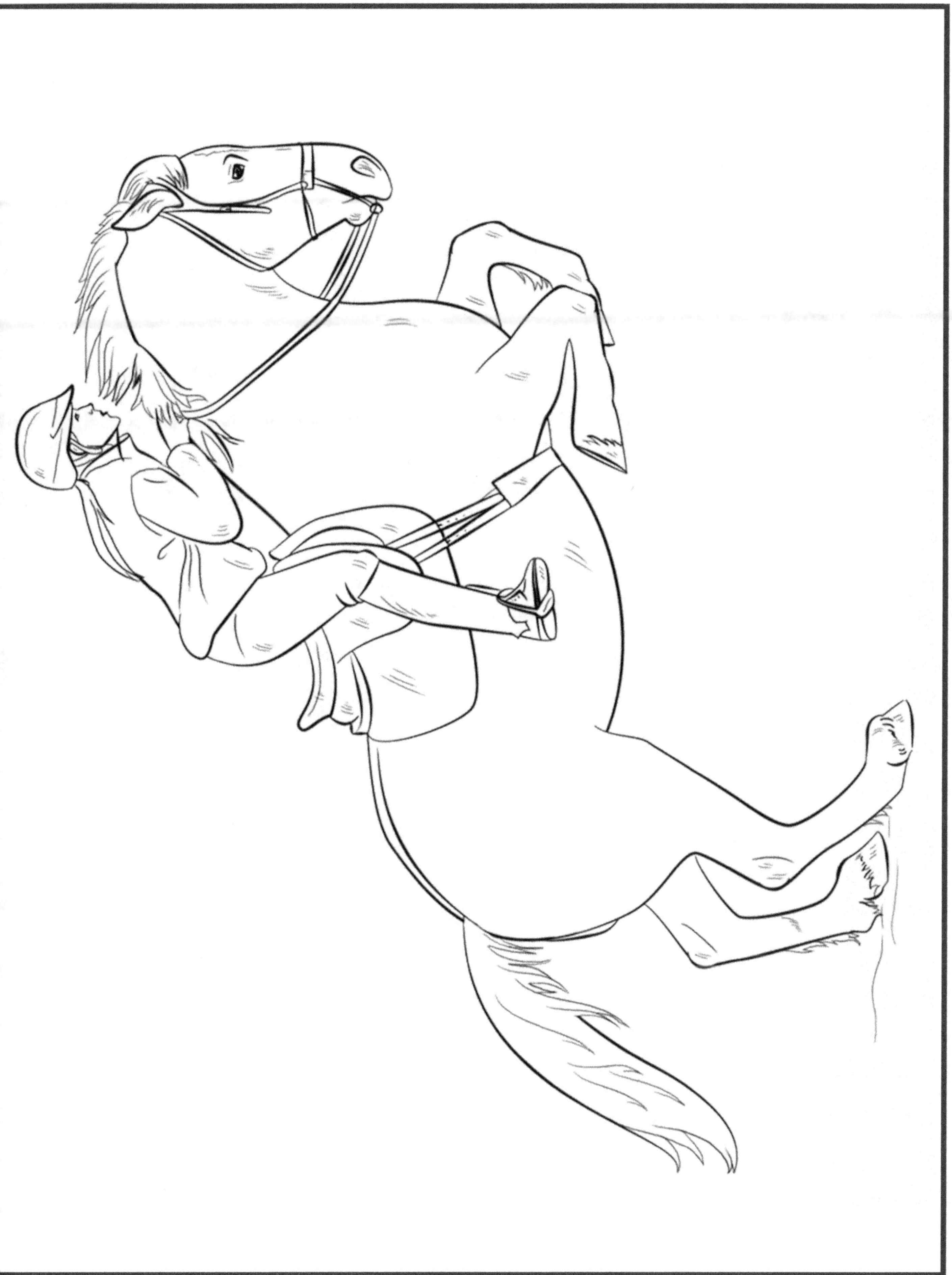

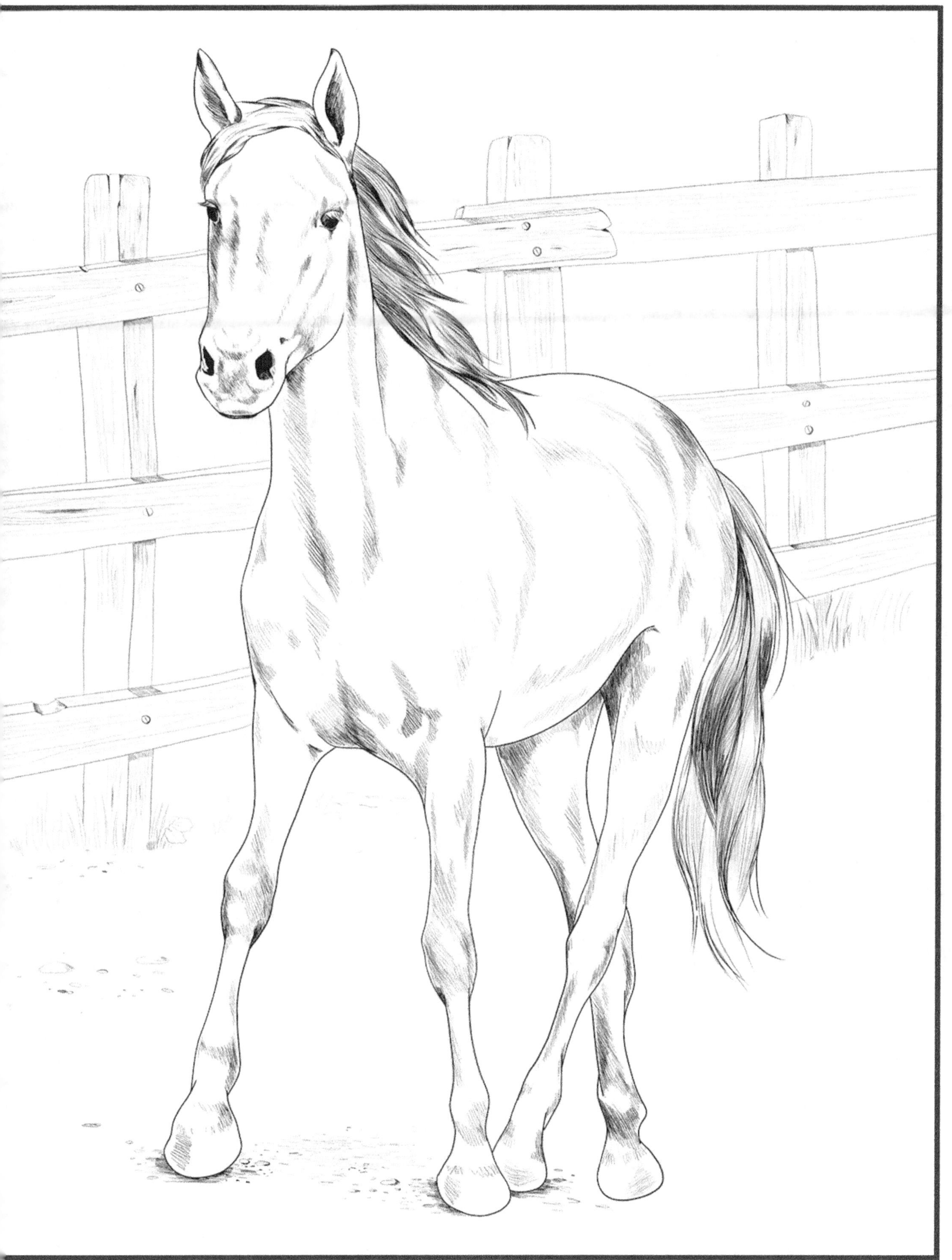

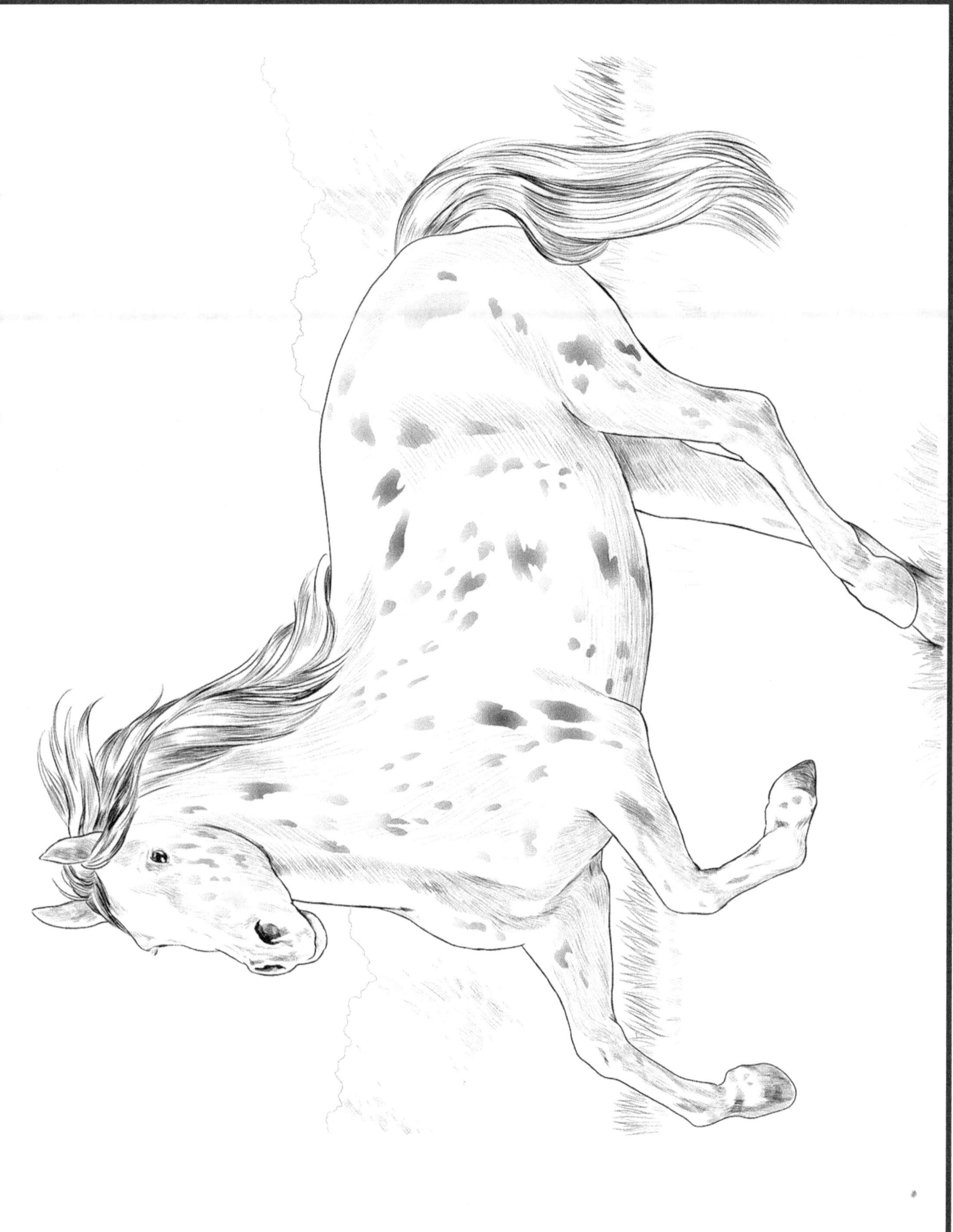

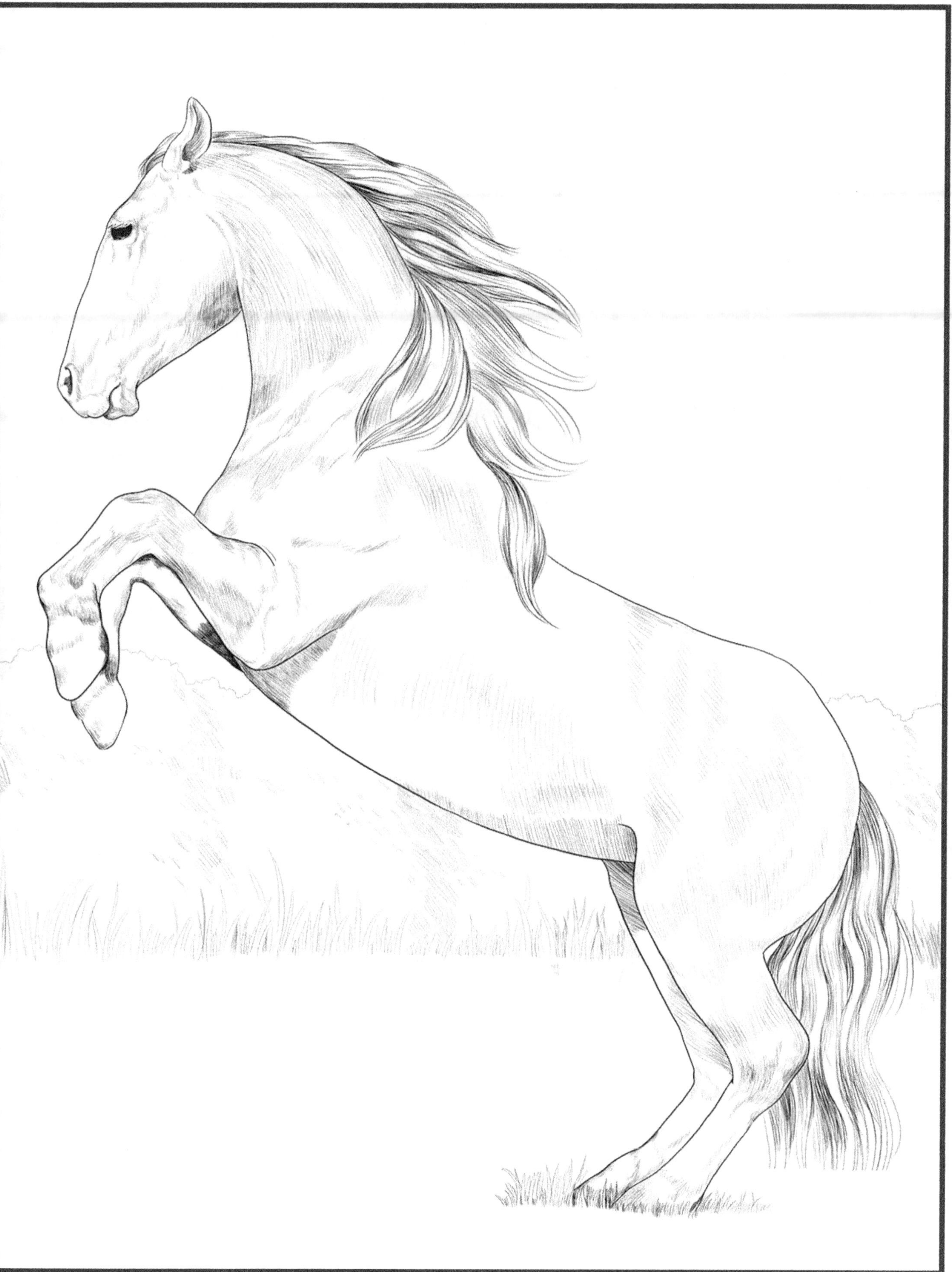

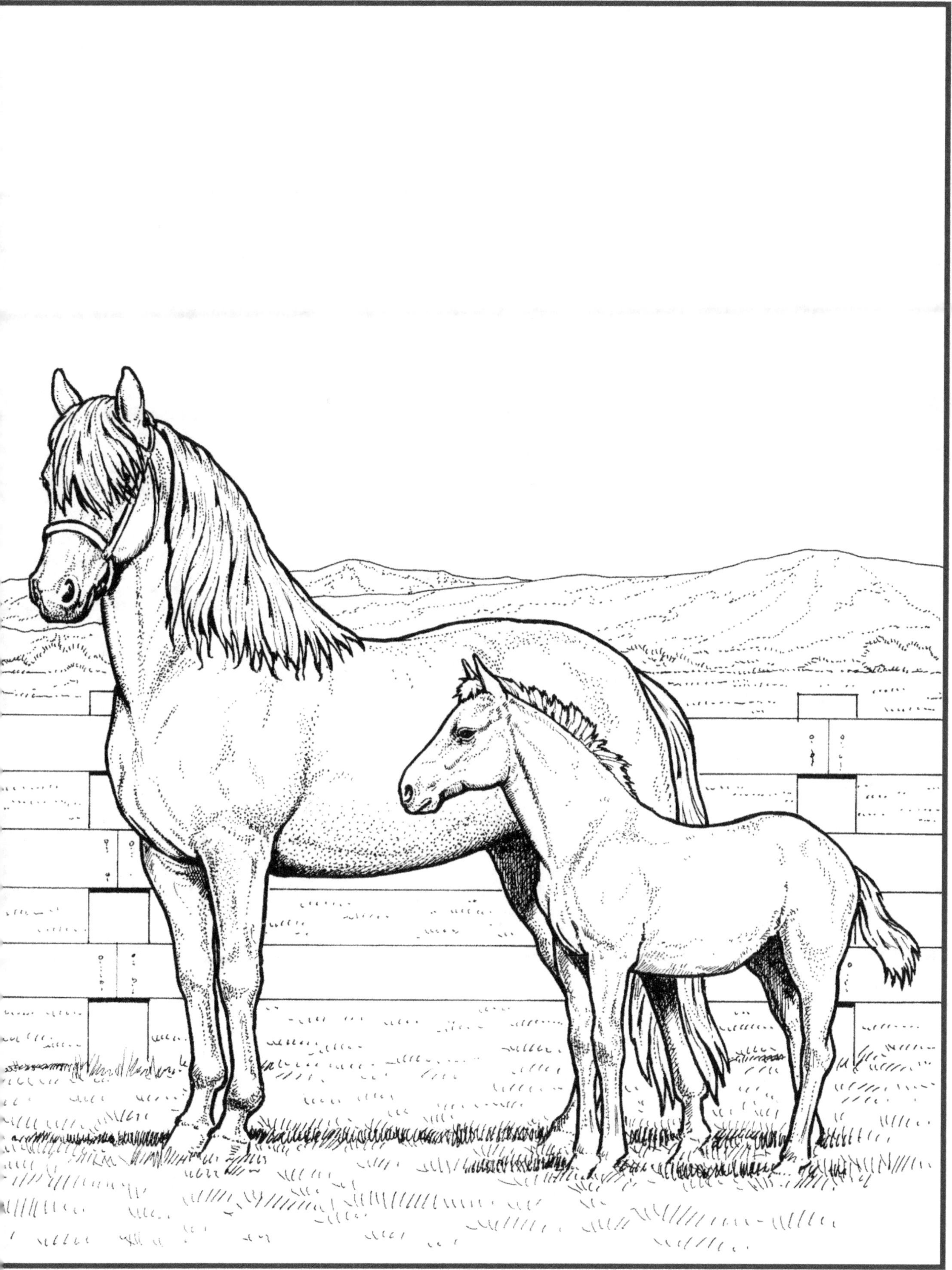

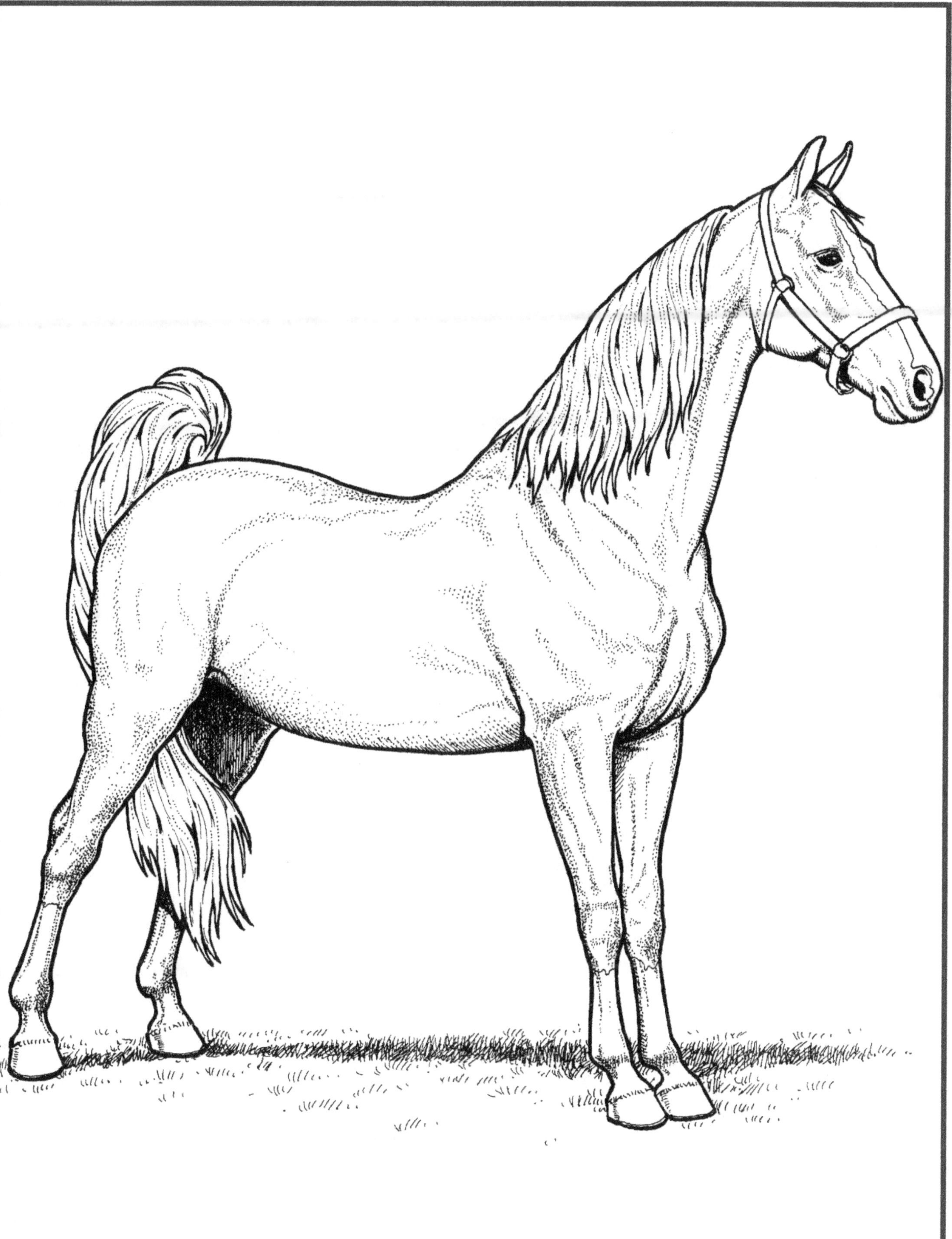

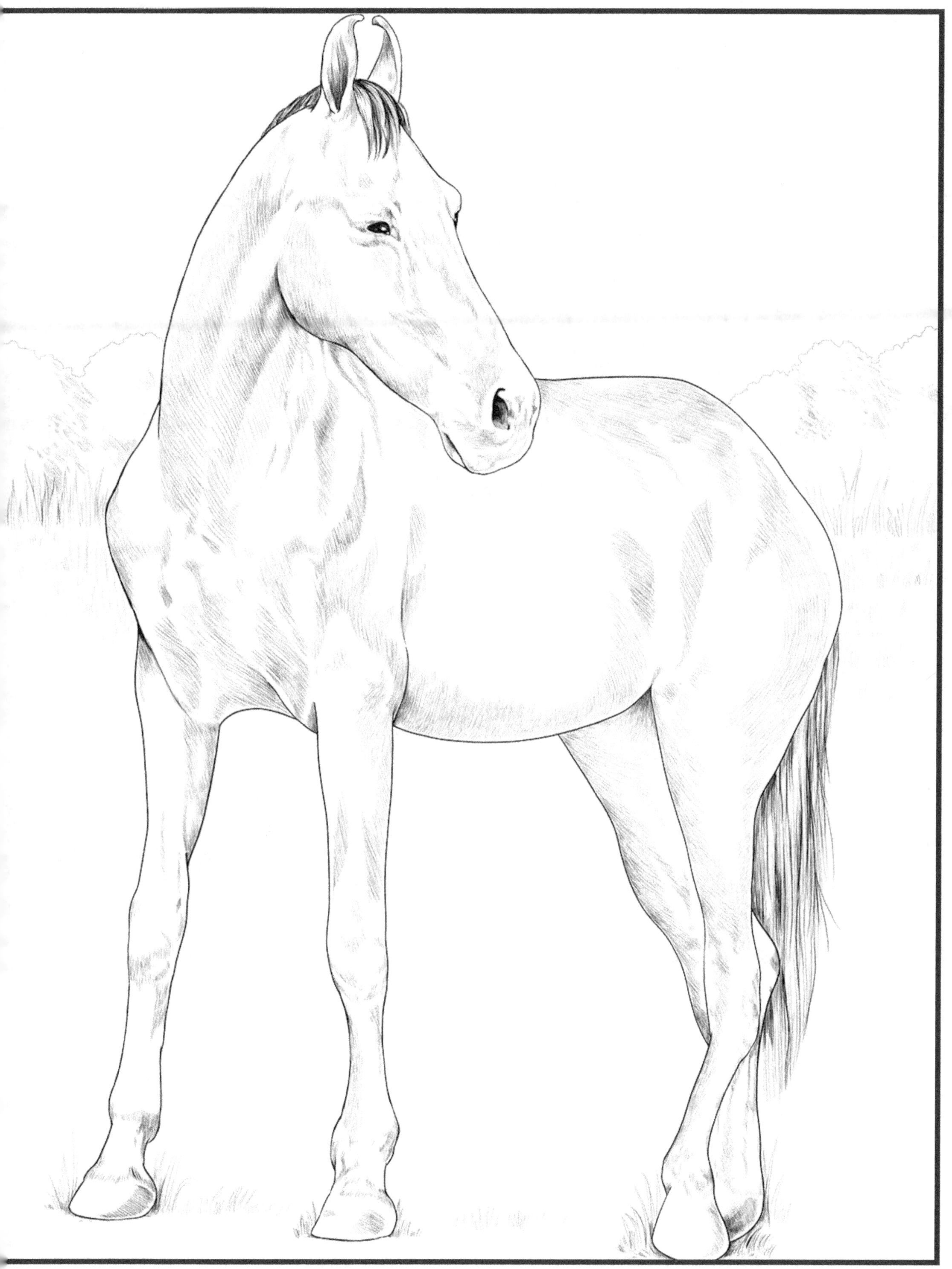

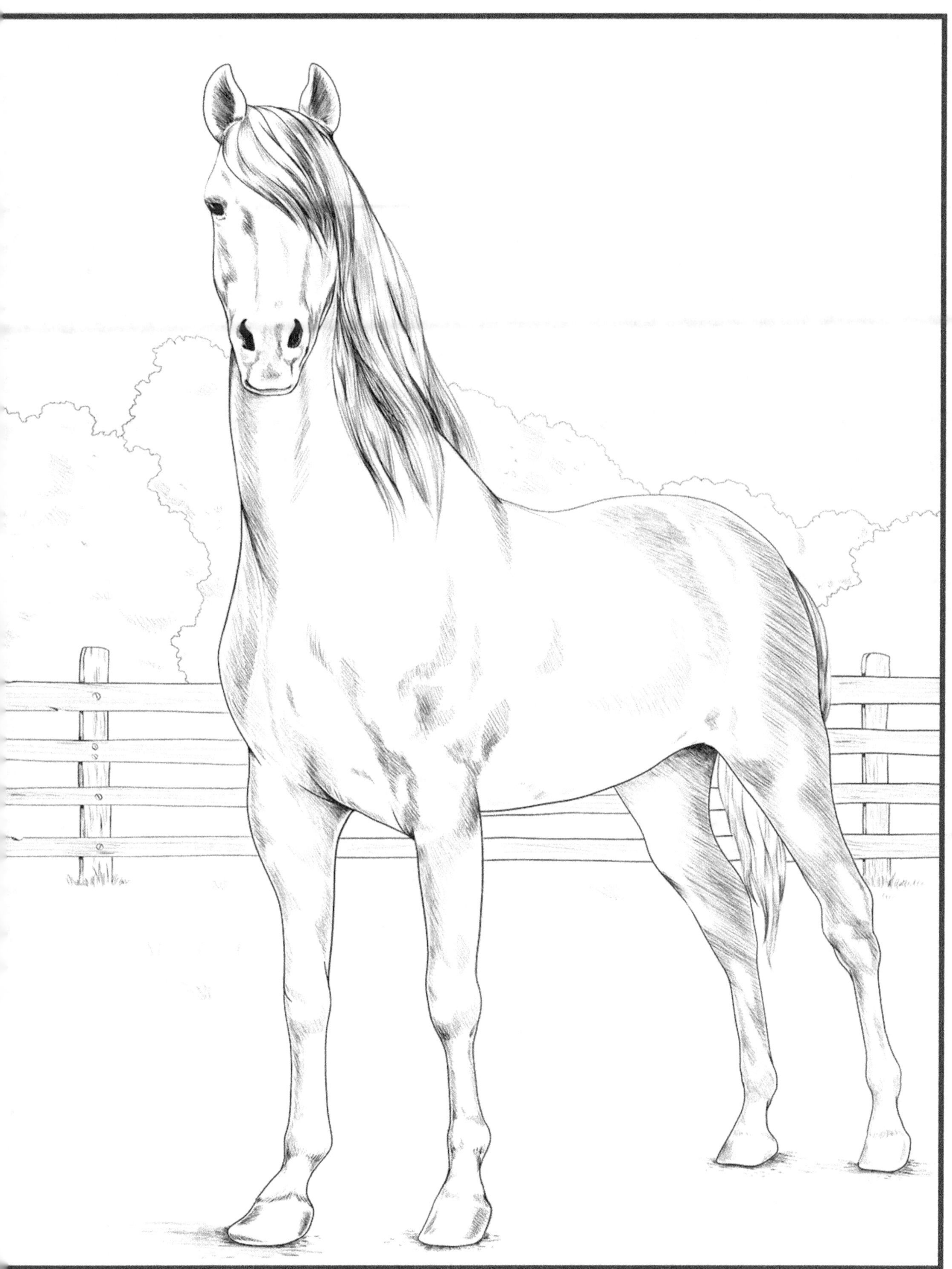

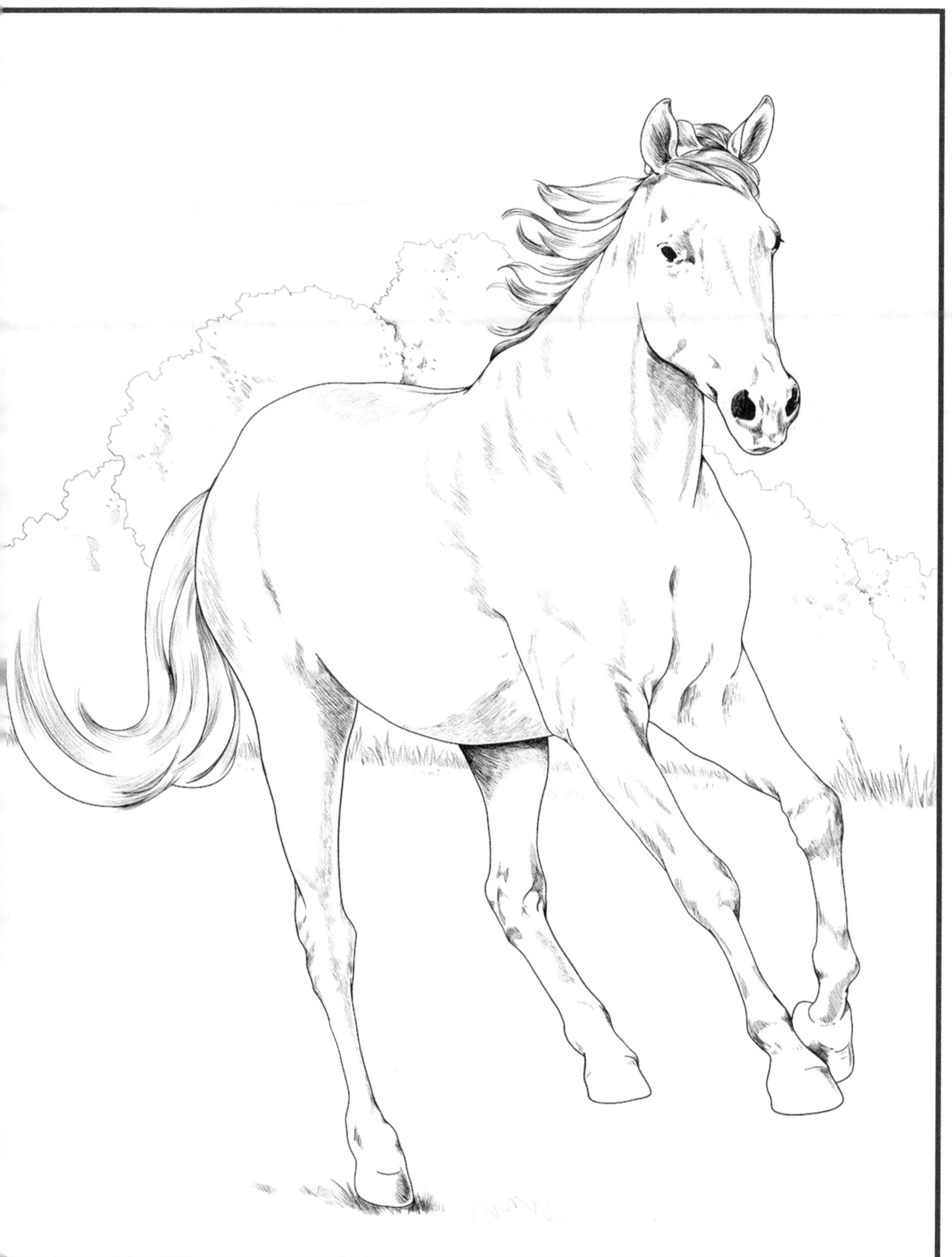

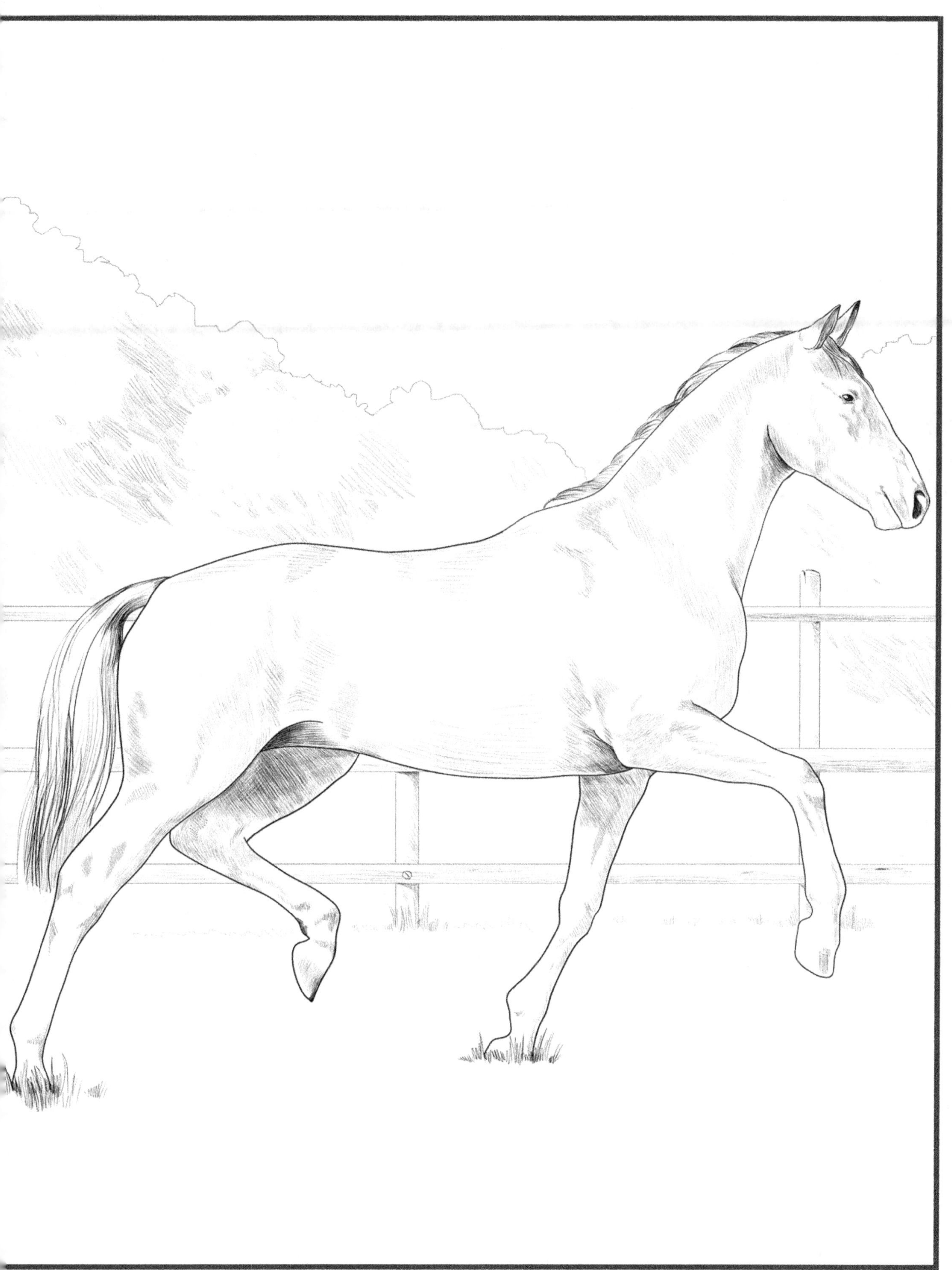

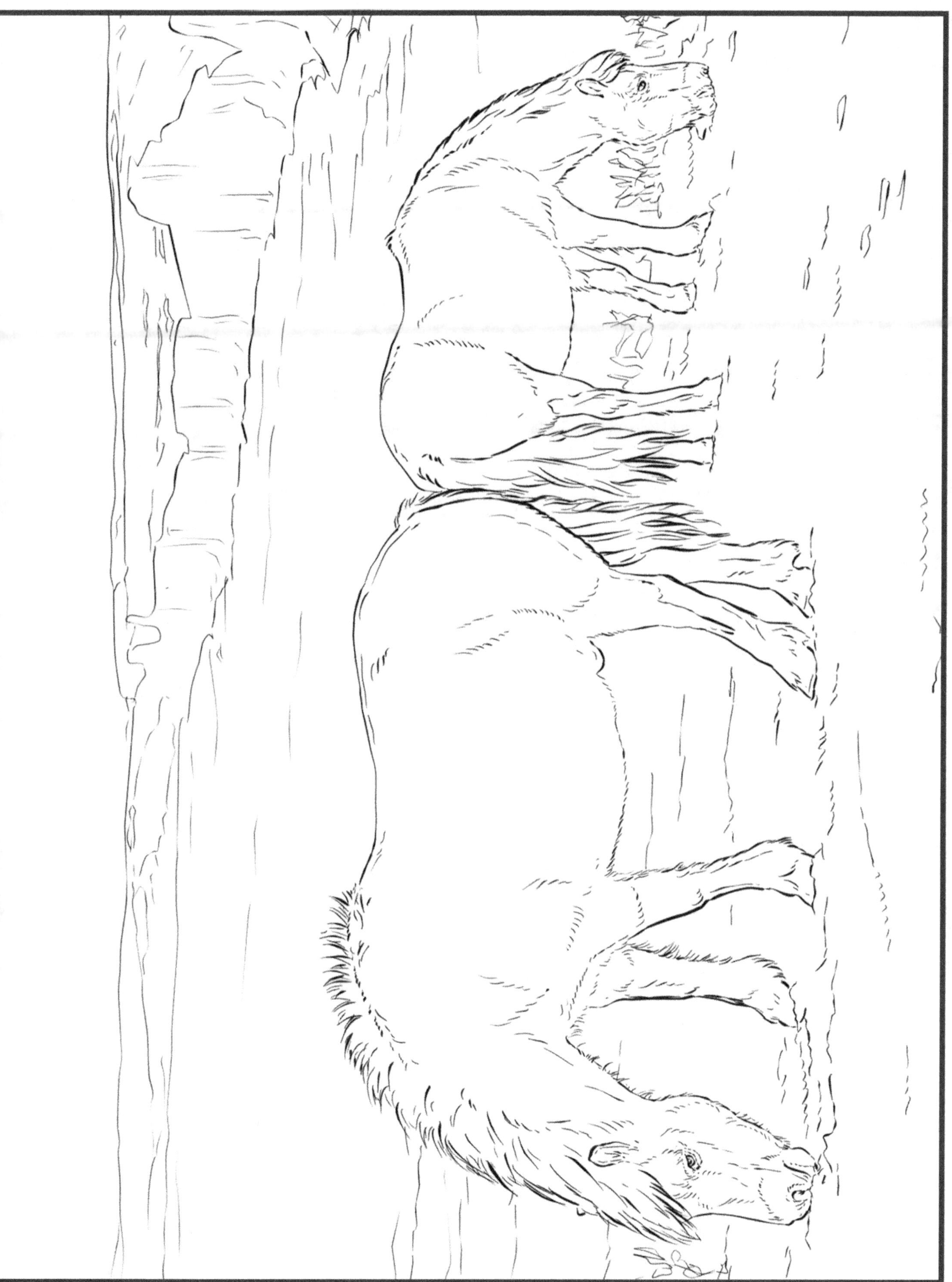

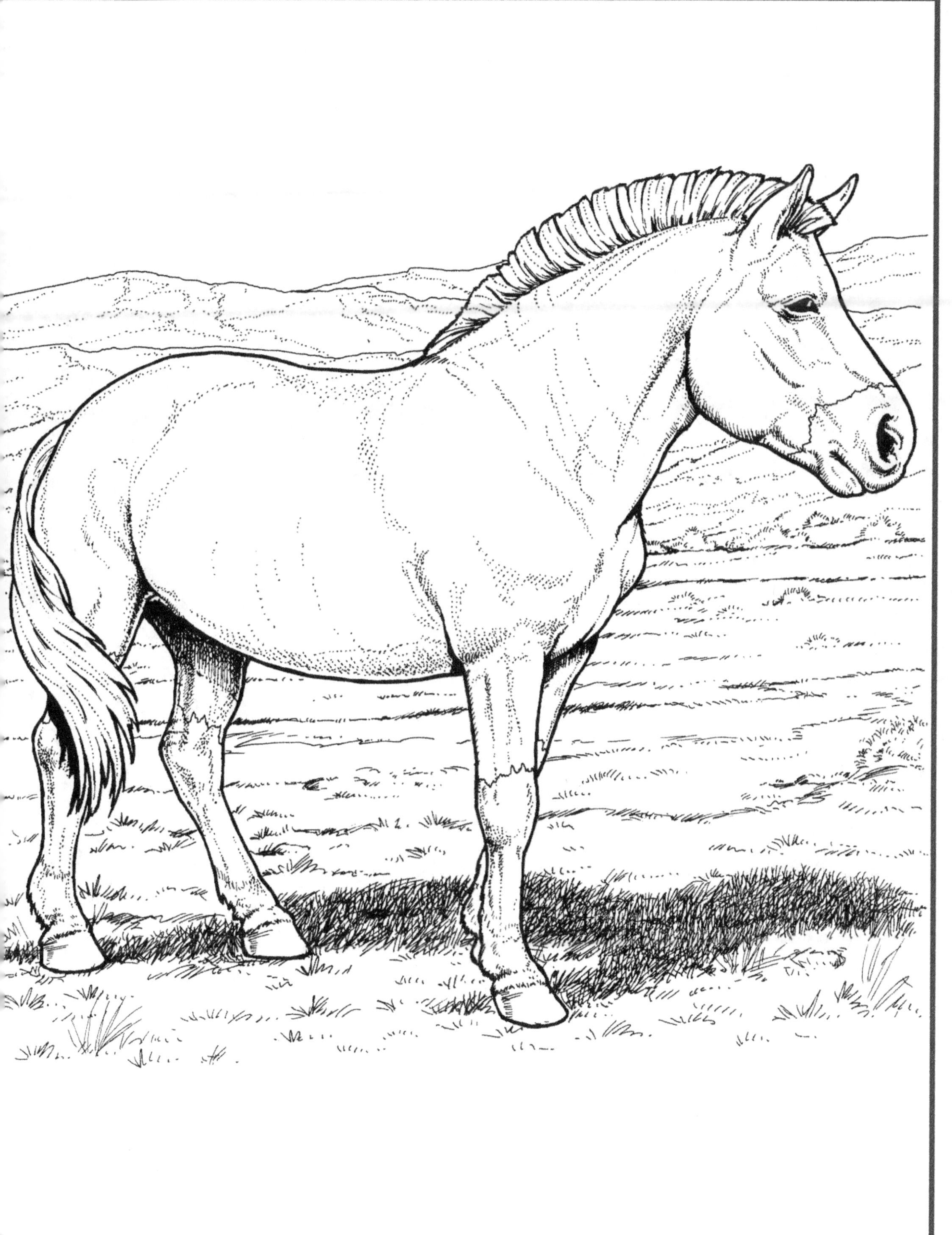

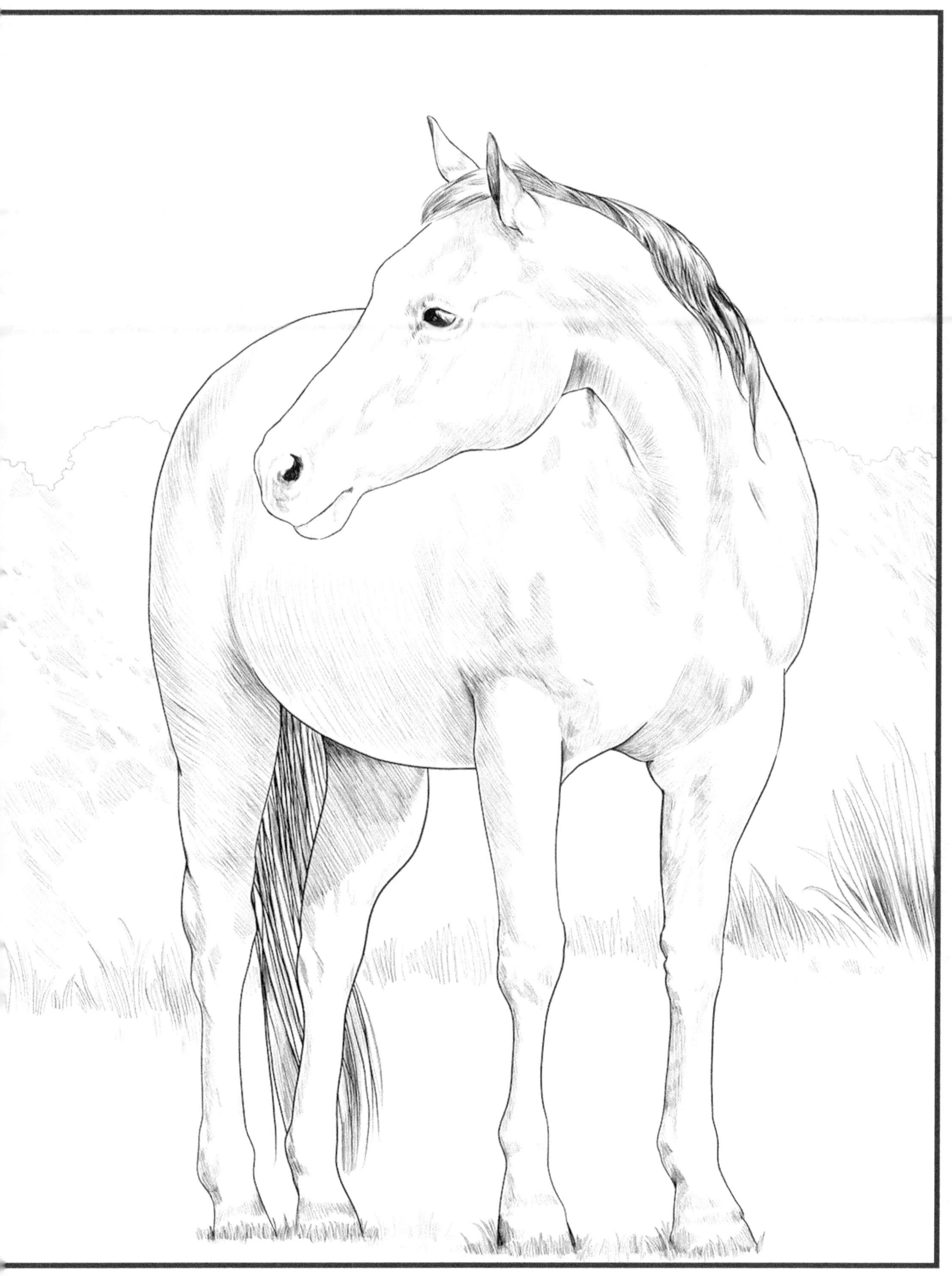

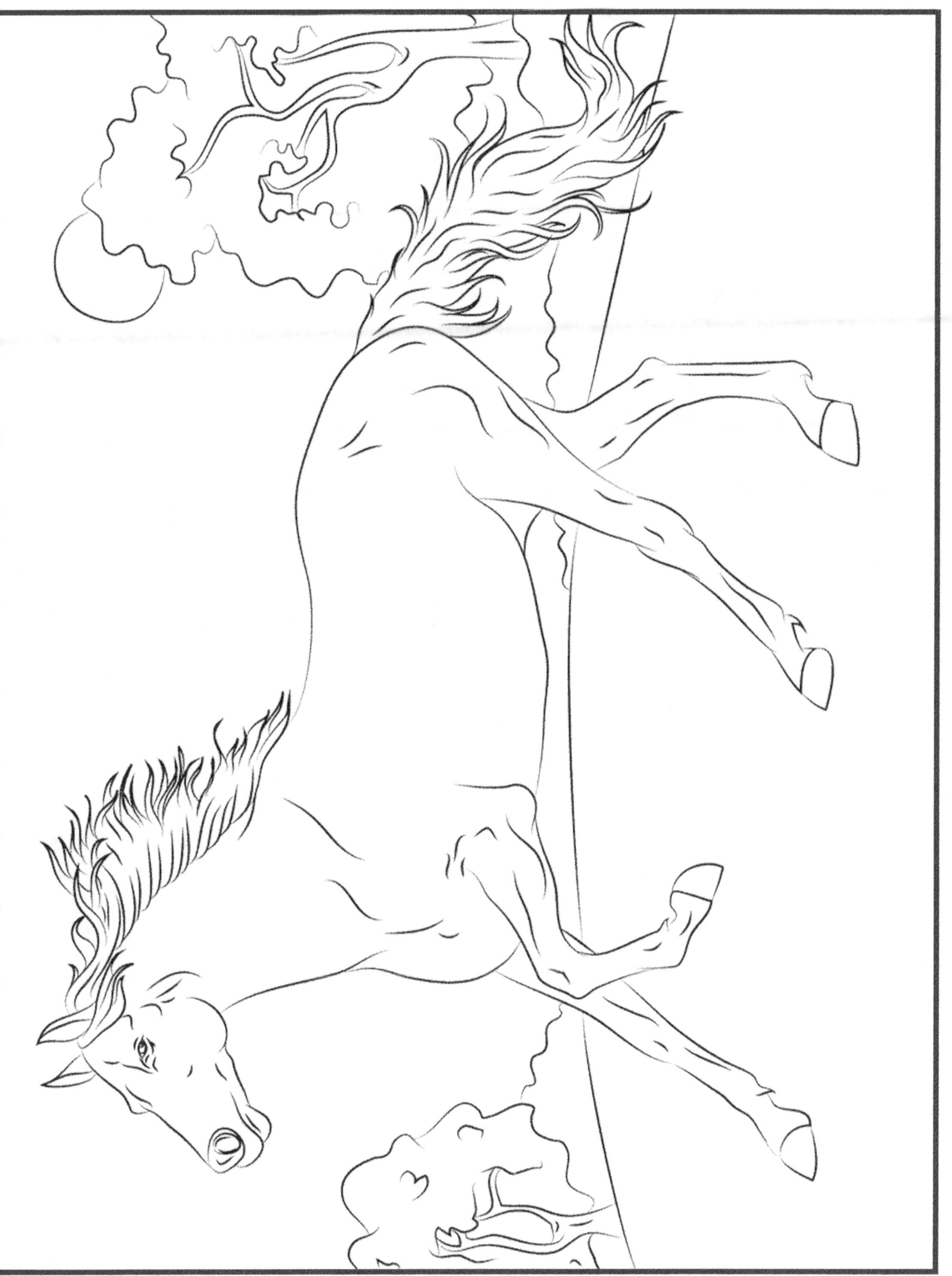

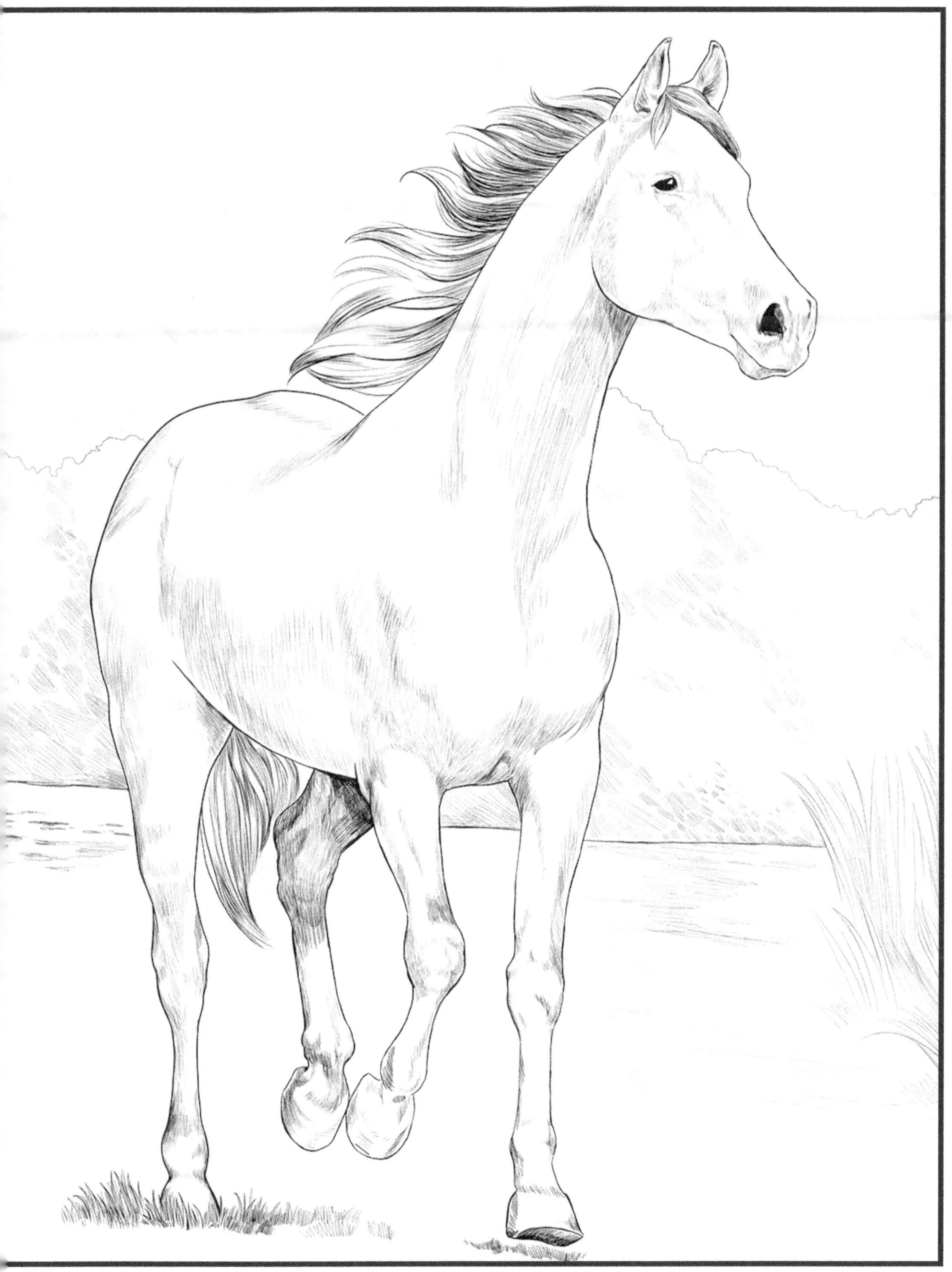

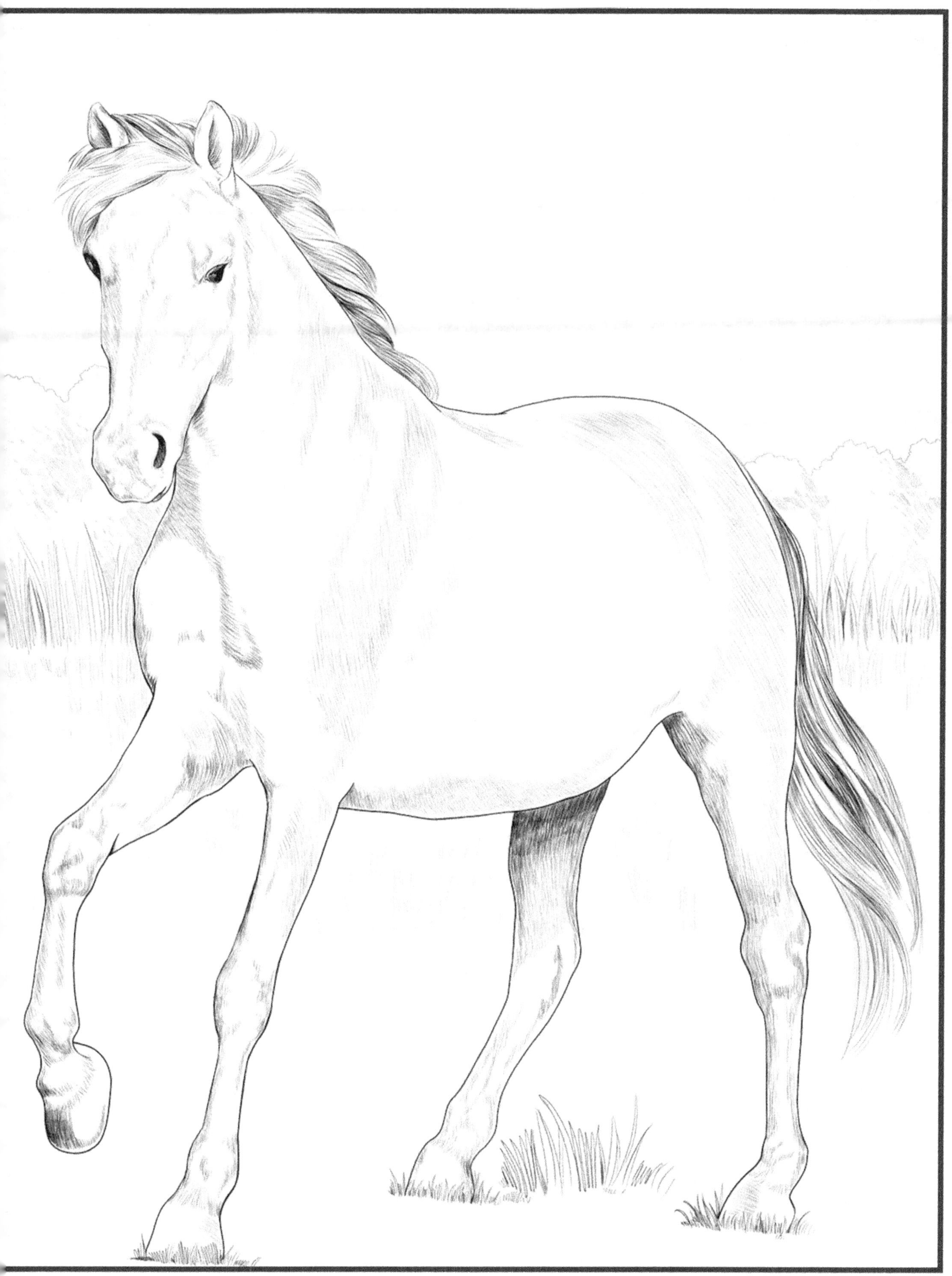

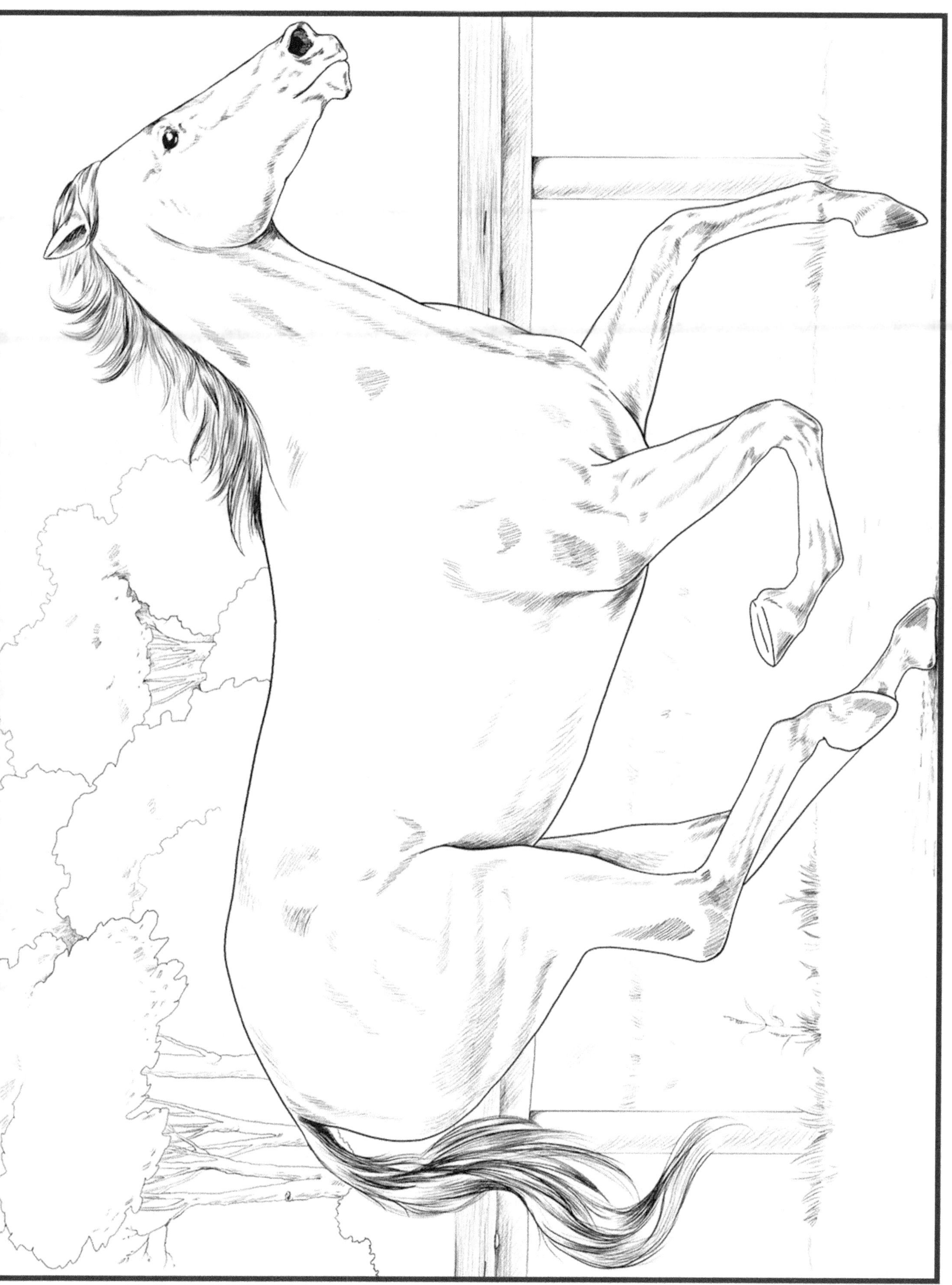

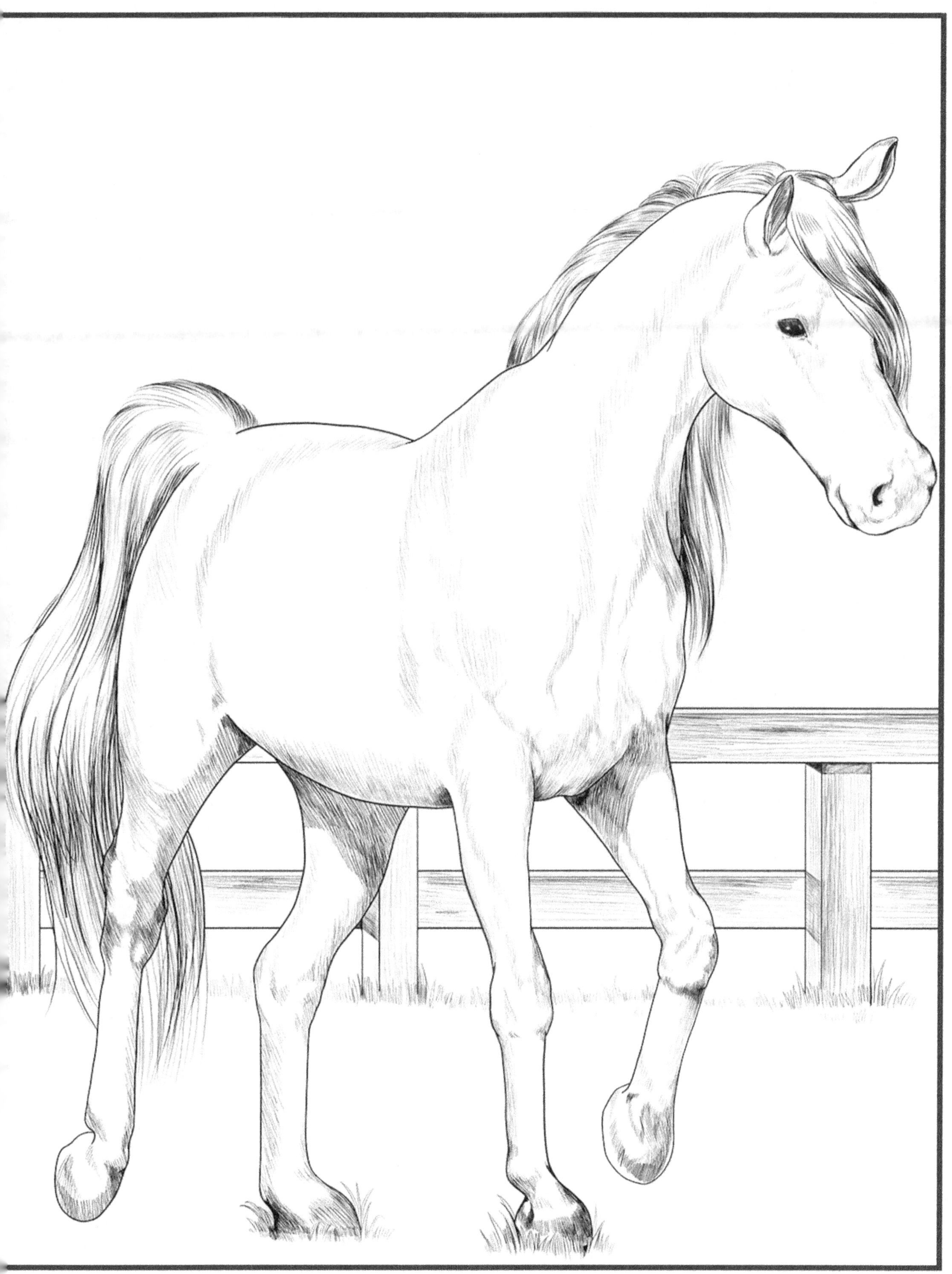

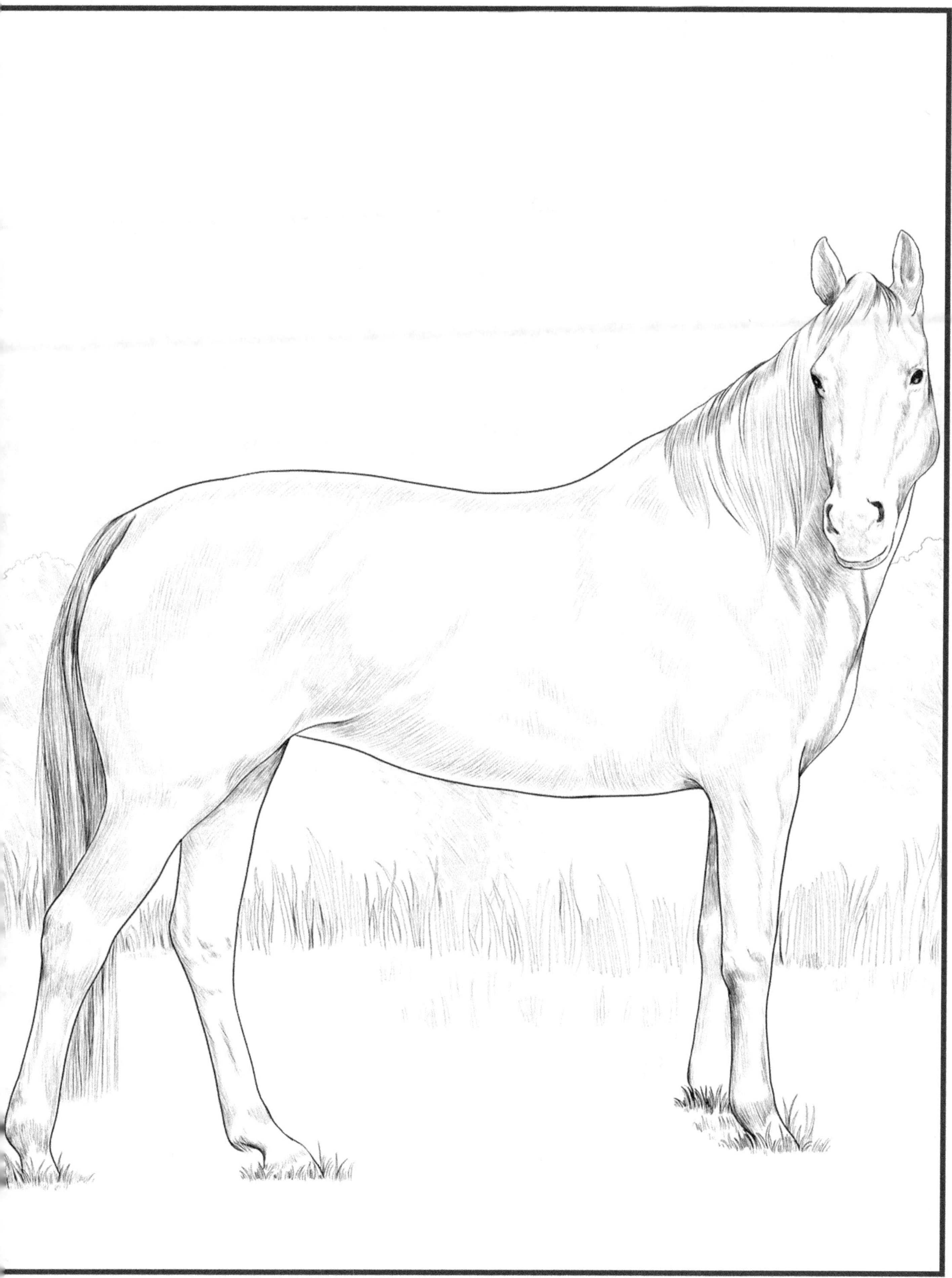

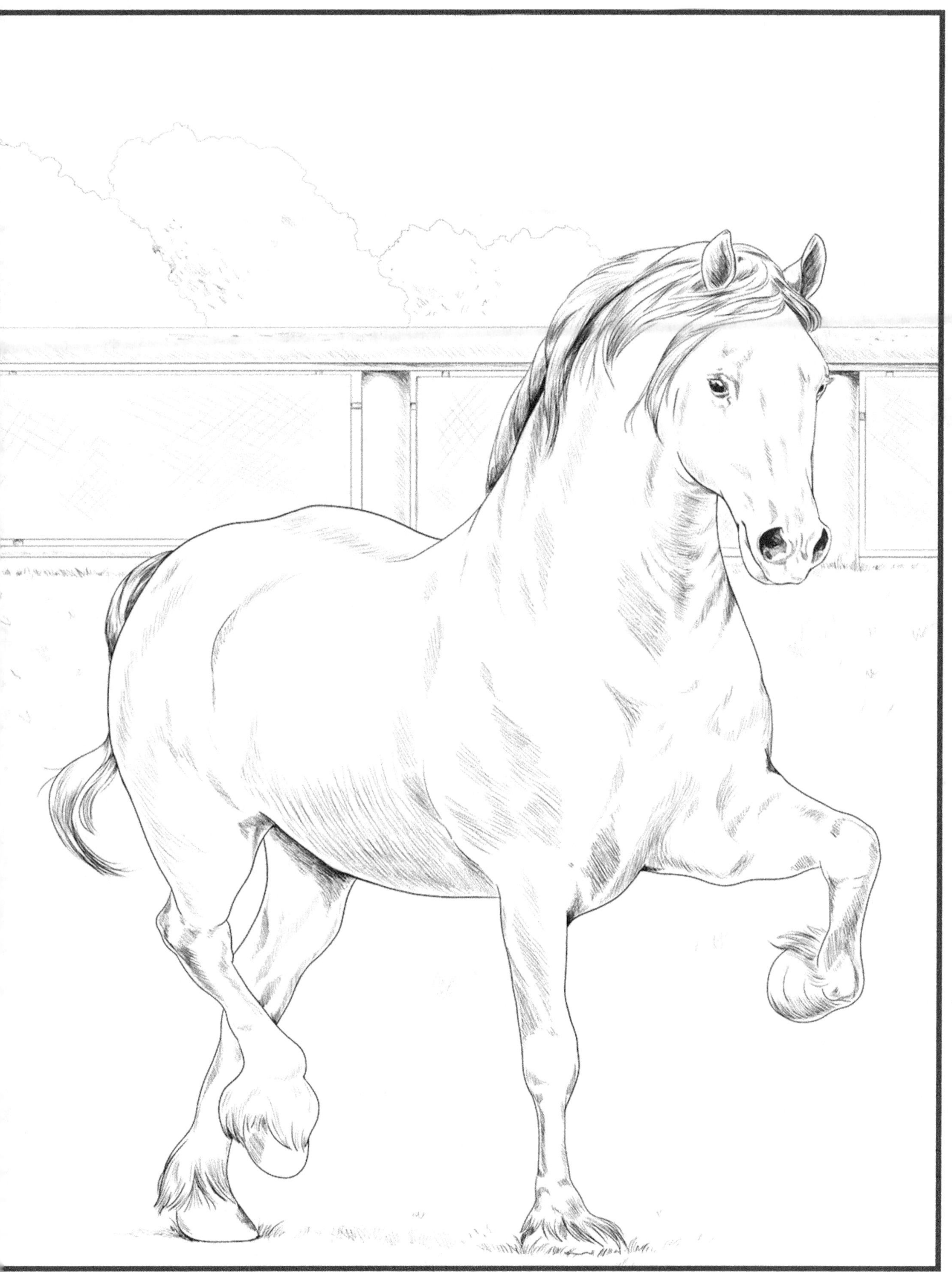

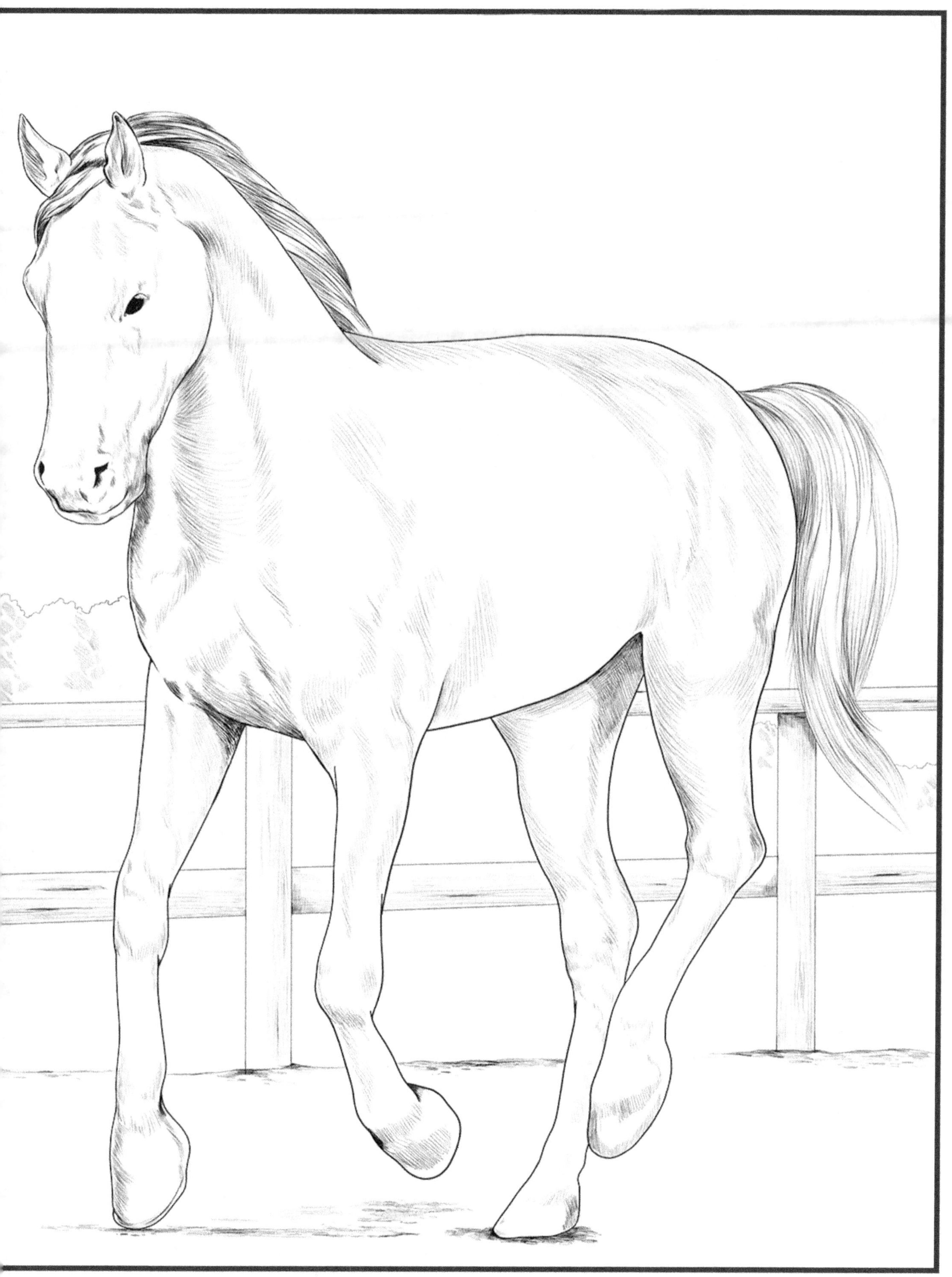

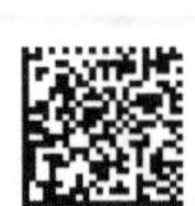